LE PROFESSEUR

B. TEISSIER

LE PROFESSEUR

B. TEISSIER

SA VIE, SON ŒUVRE

SA MORT ET SES FUNÉRAILLES

(AVEC UN PORTRAIT EN HÉLIOGRAVURE)

LYON
ASSOCIATION TYPOGRAPHIQUE
F. PLAN, rue de la Barre, 12.

1889

LE PROFESSEUR

B. TEISSIER

B.-M. Teissier s'est éteint le 22 février 1889, à l'âge de soixante-seize ans, après une courte maladie, au milieu de toute sa famille réunie à son chevet, et malgré les soins dévoués de ses fidèles amis. Il est mort, dans la plénitude de ses facultés, entouré du respect de tous, et accompagné d'unanimes regrets.

La place occupée par B. Teissier dans la cité était si grande, que sa disparition après cinquante ans de la vie professionnelle la mieux remplie et la plus honorée, fut un véritable deuil public. Praticien éminent, professeur incomparable, homme de bien par dessus tout, sa mort ne pouvait moins faire que de causer une impression profonde. Connue presque en même temps que sa maladie elle fut annoncée aussitôt par la presse locale en termes douloureusement émus.

La presse lyonnaise ne fut pas seule à répandre la triste nouvelle, les grands journaux politiques (*le Temps, les Débats,* etc.) la reproduisirent immédiatement. Les journaux des départements voisins, où le nom de Teissier jouissait d'une autorité si grande, la propagèrent rapidement. C'est ainsi que dès le 26 février, l'*Écho du Velay* publiait, sous la signature de M. C. de La Fayette, le touchant article nécrologique suivant :

« La perte cruelle et, pour certains, vraiment irrépable, que vient de faire le Lyonnais, en la personne de l'éminent docteur Teissier, aura eu son douloureux retentissement bien au delà de la région même et dans un rayon qu'on ne saurait circonscrire.

« En ce qui concerne la Haute-Loire, nous savons de toute certitude que nombre de familles ne se consoleront pas de ne plus retrouver, dans toutes les circonstances sérieuses, ce précieux confident de leurs maux, ce guide perspicace et judicieux, à qui ses attentives et patientes investigations assuraient une sorte d'infaillibilité.

« L'illustre praticien n'était pas seulement, en effet, l'homme d'un vaste savoir et d'une expérience hors ligne; pour combien n'était-il pas un excellent conseiller dans les directions intellectuelles et morales qui influent si puissamment, et de nos jours plus encore que jamais, sur la santé ?

« Doux et modeste comme il l'était, s'attachant à ses clients de vieille date en proportion des services qu'il avait su leur rendre, avec cette fermeté sans rudesse que donne une autorité amplement justifiée, le digne docteur était mieux encore qu'un gardien vigilant de ceux qu'il défendait contre la souffrance ou la mort : c'était un véritable bienfaiteur, un véritable ami.

« Est-ce tout ? Non ! ce fin lettré, cet aimable esprit, était à l'occasion un causeur charmant. Et quelle universalité de compréhension ! Le dernier président de l'Académie des sciences et belles-lettres de Lyon parlait aussi bien de son grand compatriote Ampère que de son cher et non moins illustre ancien condisciple et ami de Laprade.

« Cette noble et active pensée, toujours en travail, sous l'empire des sollicitudes professionnelles, mettait encore une part de son activité dans sa participation aux jouissances de l'art, de la littérature et de la poésie elle-même.

« Doux et modeste, ai-je dit, toujours affable, sans une de ces velléités de brusquerie, ou seulement d'impatience, que certains malades semblent parfois provoquer comme à plaisir, — comme il était fait pour être aimé ! comme il aura mérité d'être et sera profondément regretté !

« A ceux qui ne se faisaient pas à l'idée d'avoir un jour à se passer de son savoir et de son expérience : « Mais mon fils, disait-il, est plus savant que moi. Mais « combien de mes confrères à Lyon me valent et au delà. « Mais vous avez dans votre région même des praticiens « de la plus haute valeur. »

« Et après avoir énuméré complaisamment ses distingués émules et ses brillants disciples de Lyon, il citait aussi les confrères des régions environnantes, des jeunes souvent, dont il s'était plu à deviner l'avenir, et qu'il avait su apprécier dans de plus ou moins nombreuses rencontres...

« Je ne dis donc rien de trop en disant combien il était digne d'être aimé et regretté.

« On ne se lasserait pas d'insister sur les hautes qualités de ce rare homme de bien. Mais le temps et l'espace ne me permettent pas de tout dire, j'ai tenu simplement à consigner ici, en quelques lignes rapides, avec les sentiments que je sais exister pour cette noble mémoire dans bien des âmes, l'hommage de mes reconnaissants et affectueux souvenirs, et celui de ma cordiale et bien sympathique condoléance pour les siens, pour ceux qui savent mieux encore que nous tous combien le grand et bon docteur a droit d'être pleuré.

« Un mot encore :

« Ici, nous le savions malade depuis quelque temps; mais à l'heure où j'ai écrit ces lignes, les détails manquaient et me manquent encore sur ses derniers moments.

« Je ne crains pourtant pas de l'affirmer, dès à présent : Il a dû mourir, il est mort, j'ose le dire, avec la résignation sereine du chrétien sincère qu'il était.

« Et il aura donné de la sorte jusque dans sa dernière heure, l'imposant témoignage de sa haute intelligence et de sa science profonde aux grandes croyances qu'il professa toujours.

« Le Puy, 26 février 1889.

« Ch.-C. de La Fayette,
Ancien député. »

Les funérailles de B. Teissier ont eu lieu le lundi matin, 25 février, à 11 heures, au milieu d'un concours de population extraordinaire, évalué par les journaux à plus de 5,000 personnes. Dès 10 heures et demie, un peloton d'infanterie stationnait en face de la maison mortuaire, où tout ce que Lyon compte d'éminent dans la magistrature, l'administration, le barreau, l'armée, le commerce, l'industrie, la science et les lettres, s'était donné rendez-vous.

A 11 heures et demie, le cortège se met en marche, précédé par le clergé de l'église de Saint-Martin-d'Ainay. Devant le cercueil, marchent les garçons de la Faculté de médecine en uniforme, portant de nombreuses couronnes, parmi lesquelles on remarque surtout la couronne offerte par l'Association des étudiants et celle de l'Union des femmes de France. Sur le cercueil, est placée la toge de satin rouge et les insignes du défunt : la croix de la Légion d'honneur et les palmes académiques.

Les coins du poêle sont tenus par MM. Bayet, doyen de la Faculté des lettres, représentant le recteur; Lortet, doyen de la Faculté de médecine; Valin, directeur de l'École de santé militaire, représentant l'Académie de médecine; Sabran, président de l'administration des Hospices; Roux, président de l'Académie des sciences, belles-lettres et arts de Lyon ; Delore, président de la Société de médecine.

Le fils du défunt, le docteur J. Teissier, conduit le deuil entouré de ses deux fils. Derrière les gendres et la famille de B. Teissier, la Faculté de médecine marche en corps et en grand costume, suivie d'une délégation de toutes les Facultés conduite par leurs doyens, et en robe. L'Association des anciens élèves du Lycée de Lyon, dont Teissier fut un des élèves remarqués par A.-M. Ampère, est représentée par le proviseur et le censeur du Lycée, en robe aussi. Les délégués de l'Association des étudiants marchent enfin avec leurs insignes.

Dans le cortège, qui se déroule sur quatre rangs, serré et recueilli, se pressent toutes les notabilités de la cité en même temps que tous ceux que Teissier a consolés, soulagés, aimés dans sa longue carrière, le corps médical lyonnais au grand complet [illegible] de nombreux étudiants, élèves ou anciens [illegible] Teissier, venus des départements voisins pour rendre au maître vénéré les derniers devoirs.

Après le service funèbre célébré dans la vieille basilique toute tendue de noir et illuminée, au milieu du recueillement de la foule attristée, le cortège se remet en marche pour le cimetière de Loyasse où doit avoir lieu l'inhumation. Les délégations des Facultés et la Faculté de médecine accompagnent le corps jusqu'au champ du repos.

Là, suivant la recommandation expresse de Teissier, aucun discours ne fut prononcé. Mais sa modestie naturelle, qui avait imposé le silence sur son cercueil ne pouvait étouffer le concert d'éloges et de regrets qu'une vie remplie par de si nobles exemples devait naturellement susciter de toutes parts. La presse entière, sans distinction, et les académies ne tardèrent pas à redire ce qu'avait été dans toute sa simplicité, et aussi dans toute sa grandeur, la vie de Teissier. Nous tenons à reproduire ici les principaux articles publiés à l'occasion de ses obsèques, tant par la presse politique que par les feuilles médicales, ainsi que les divers éloges prononcés dans les sociétés savantes, qui levèrent leur séance en signe de deuil.

L'article suivant, extrait du *Salut Public* (n° du 26 février), résume parfaitement les nombreuses notices parues au sujet des funérailles de B. Teissier.

(*Salut Public* du 26 février 1889.)

« Ce matin ont eu lieu, à l'église d'Ainay, les obsèques de M. le docteur Teissier. Nous n'avons pas mémoire de pareilles funérailles. Tout ce que Lyon renferme d'éminent, non pas seulement dans la science médicale, mais encore dans toutes les professions et dans toutes les classes, était accouru pour dire adieu à l'un des hommes qui ont le plus honoré la cité. On a pu dire avec raison, en voyant cette extraordinaire affluence, que la mort de M. Teissier était un deuil public. Elle l'a été en effet. Depuis si longtemps il était le dernier appel des malades condamnés, que, même depuis que son grand âge lui interdisait l'exercice de la médecine active, il était resté l'espoir des désespérés.

« Il semblait au mourant, qui voyait apparaître à son chevet sa belle et douce figure, qu'elle devait lui ramener forcément la santé enfuie. Heureux l'homme qui s'en va laissant derrière lui une telle légende !

« Même dans cette brillante école médicale lyonnaise où les grands talents abondent, le vide laissé par M. Teissier sera difficilement comblé. Il n'était pas seulement un grand praticien ; chez lui, le cœur était à la hauteur du mérite professionnel. Sa bienveillance était aussi renommée que sa science. Dans la multitude qui lui faisait tout à l'heure un si long cortège, il était bien peu d'hommes qui ne pussent citer un trait de son exquise bonté, qui n'était peut-être pas pour peu de chose dans ses cures d'habile médecin.

« Alors qu'il était déjà dans les bras de la mort, il en donnait une dernière preuve. On verra plus loin, dans une lettre qui nous est adressée par l'un de ses élèves les plus distingués et de ses plus fidèles amis, qu'il s'inquiétait des dangers que pourraient courir, par le froid qu'il fait, ceux qui allaient lui faire la dernière conduite.

« Le lourd héritage de science et d'honneur que laisse en partant cet homme rare échoit heureusement à quelqu'un digne de le porter. Ce fut sans doute pour M. Teissier une consolation bien douce, et bien due à toutes ses vertus, de penser que le nom illustré par lui serait conservé brillant et respecté par un fils qui mérite de lui succéder dans l'affection comme dans l'estime de tous ceux qui regrettent le père.

« M. Teissier est mort en philosophe chrétien. Il a vu venir son heure dans la plénitude de sa raison et dans toute la sérénité d'une âme sans reproche. La dernière parole recueillie par les siens a été : « Que la volonté de Dieu soit faite ! » La volonté de Dieu sera que cet homme de bien, dont la longue carrière a été consacrée au soulagement de la souffrance des autres, soit placé, dans sa vie nouvelle, au premier rang parmi ceux qui ont rempli selon ses vœux les deux grands devoirs imposés par lui à sa créature : le travail et la charité. »

*
* *

« Nous publions et nos lecteurs liront sûrement avec un vif intérêt la lettre de M. le docteur E. C..., à laquelle nous faisons allusions plus haut :

« Lyon, le 24 février 1889.

« Mon cher ami,

« La note qui a paru hier dans le *Salut Public* sur
« l'homme éminent que nous venons d'avoir la douleur
« de perdre a parfaitement bien su résumer en quelques
« lignes ce qu'a été M. le docteur B. Teissier, comme
« professeur, comme praticien et comme homme privé.
« Mais ce n'est peut-être pas tout ce qu'il y avait à dire.
« Sans parler davantage de mérites scientifiques qui
« seront, j'en suis sûr, très justement appréciés dans les
« sociétés médicales et dans les académies dont il était
« l'un des membres les plus assidus et dont il avait été
« longtemps président, je crois qu'il est bon, qu'il est
« juste, qu'il est utile d'insister sur le caractère de
[illegible] et le secret de

« sa grande notoriété et de l'immense considération dont « il a joui pendant sa longue et brillante carrière.

« M. Teissier avait avant tout le culte du beau, du « bon, du juste, de l'honnête. Il avait toujours pieuse- « ment conservé le souvenir de son maître et ami, le « professeur Amédée Bonnet, et se plaisait souvent à « rappeler la beauté de son caractère.

« On voyait qu'il avait cherché à s'en imprégner et à « se le donner pour modèle à suivre ; comme si, sur ce « point, il avait eu besoin de modèle !

« C'est son honnêteté et sa probité qui le portaient à « étudier sans cesse, afin de se tenir constamment au « courant des progrès de la science et de n'ignorer rien « de ce que doit connaître celui qui tient chaque « jour dans ses mains la santé et souvent la vie des « malades.

« C'est cette même honnêteté et ce même amour du « devoir qui lui faisaient toujours préparer avec autant « de soins ses leçons de clinique médicale, parce qu'il « voulait être toujours à la hauteur de sa mission de « professeur. Aussi ses conférences réunissaient-elles « toujours un nombreux auditoire, non seulement « d'élèves, mais encore de médecins de tout âge, char- « més d'entendre cet enseignement toujours clair, sim- « ple, précis et éminemment instructif et pratique.

« C'est cette honnêteté, enfin, qui lui faisait examiner, « toujours avec le même soin scrupuleux, ses malades de « tout rang et de toute condition, soit dans les salles « d'hôpital, soit dans la clientèle de la ville, et qui assu- « rait ainsi la certitude de son diagnostic et le succès de « son traitement.

« Quant à sa bonté, il suffisait pour l'apprécier de « l'avoir approché une seule fois.

« Pour tous, amis, confrères, malades, il avait le

« même bon sourire, le même accueil bienveillant, les « mêmes paroles réconfortantes.

« Que de douleurs aiguës, que de peines cuisantes il « a su calmer comme par enchantement !

« Que d'infortunes il a secourues d'une main toujours « discrète ! Car sa charité était inépuisable.

« Je ne crois pas qu'il ait jamais repoussé la main, « quelle que fût cette main, qui se tendait vers lui, et la « délicatesse avec laquelle il accordait décuplait encore « le prix du bienfait.

« Toujours sévère pour lui-même, il était indulgent « pour les autres ; car la bonté de son cœur et la longue « pratique des hommes lui avaient appris à compatir « aux faiblesses humaines.

« Cette même bonté, unie à l'esprit de justice, le ren- « dait peu exigeant sur la question souvent délicate des « honoraires. Il voulait que non seulement ils fussent en « rapport avec les services rendus, mais aussi et surtout « qu'ils le fussent avec la situation des malades.

« Voilà, en quelques mots, quel a été l'homme émi- « nent et le professeur distingué que nous pleurons « aujourd'hui et dont les dernières paroles, toujours « empreintes de la même bonté, ont été pour demander « qu'il ne fût pas prononcé de discours sur sa tombe, « en raison surtout de l'inclémence de la température.

« Bien à vous cordialement.

« E. C... »

D'autre part, sous ce titre : « Chronique lyonnaise », le *Courrier de Lyon* du 26 février 1889 insérait cette intéressante notice biographique :

« Une foule immense, et profondément sympathique, tout ce que Lyon compte de savants, de professeurs et d'étudiants, a tenu à honneur d'accompagner aujourd'hui à sa dernière demeure, le docteur B.-M. Teissier.

*
* *

« Il y a quelques années, quand il quitta l'enseignement actif et devint professeur honoraire, malgré tout le mérite et toute la valeur de celui qui tient si dignement sa place, on regretta longtemps la disparition de cette physionomie si sympathique. Personne ne pouvait croire que la limite d'âge avait touché cet esprit si acéré et cette santé si belle, — *mens sana in corpore sano* — comme il aimait à le dire lui-même.

« Comme professeur, on peut dire sans exagération que ses élèves avaient pour lui un vrai culte.

« D'une exactitude absolument scrupuleuse, dès qu'il arrivait dans les salles de l'Hôtel-Dieu, une foule sympathique l'entourait et ne le quittait plus. On recueillait avec avidité son enseignement, fait d'anecdotes, d'exemples et de malicieuses observations.

« Lui seul savait tirer à part un étudiant peu régulier dans son service et lui faire une semonce mi-amicale, mi-sévère qui ne manquait jamais son but.

« Sa bienveillance pleine de tact empruntait souvent l'ironie la plus fine et le latin le plus classique pour dire au lit du malade la vérité qu'il devait à ses élèves tout en laissant de l'espoir au malade le plus désespéré.

« Que de fois le phtisique qui devait râler son dernier souffle dans quelques heures était rassuré par un mot gracieux souligné d'un sourire sympathique, tandis que le maître s'éloignait en murmurant : « Dans ce cas, le traitement est tout indiqué et se résume en deux mots *opium et mintiri.* »

*
* *

« Comme praticien, B. Teissier chercha un moment sa voie. Au début de sa carrière, on crut que l'amitié du célèbre chirurgien Bonnet l'entraînerait du côté de la chirurgie. Sa thèse inaugurale fit penser un moment qu'il marcherait en effet sur la trace de cet illustre Lyonnais, mais bientôt, la médecine pure l'entraîna complètement, et il entra dans la carrière qu'il devait si brillamment parcourir.

« Avec un autre disparu, et un survivant dont le nom est célèbre dans une spécialité, B. Teissier fondait, il y a bien longtemps, et sans le secours d'aucune société ou d'aucune Association, une espèce de polyclinique libre et gratuite, semblable à celles qui florissent en Allemagne depuis longtemps.

« Les consultations de ce genre, actuellement existantes, ne sont donc — et c'est là un de leurs titres de gloire — que la continuation d'une idée dont l'honneur remonte au maître que l'École lyonnaise vient de perdre.

« Esprit de large envergure, tolérant, par conséquent et libéral, B. Teissier devait nécessairement faire partie d'une foule de sociétés. De fait, on trouve son nom partout où se réunissaient ceux qui aiment à encourager certains efforts, aider les isolés dans la bataille de la vie, et faire discrètement le bien sous toutes les formes.

« A l'heure où ces lignes sont écrites, on prononce sans doute sur sa tombe d'éloquentes paroles et on cite les ouvrages qui assurent à B. Teissier une belle place dans la science lyonnaise.

« On aura bientôt, peut-être, oublié certains mémoires et certaines publications, mais ce que la jeune génération médicale gardera toujours au fond du cœur, c'est un souvenir ému du vieux professeur dont l'habit bleu à disparu avec le dernier moellon de l'École de la rue de la Barre dont il fut une des gloires.

« Singulière coïncidence : hommes et choses disparaissent en même temps.

« Ce qui console, c'est que le nom de Teissier, désormais inséparable du souvenir de l'ancienne École, est aujourd'hui dignement porté dans la nouvelle Faculté.

MERCUEIL.

Voici maintenant les principaux articles publiés par la presse médicale :

Le n° 9 de la *Province médicale* paraissait le 2 mars encadré de noir avec l'important article suivant signé de la plume de son rédacteur en chef, le docteur Augagneur :

« La médecine lyonnaise vient de faire de magnifiques funérailles à l'un de ses plus dignes représentants. B. Teissier est mort à 76 ans, entouré du respect et de l'estime de tous ceux qui l'ont connu.

« Si, jetant un regard en arrière, nous comparons la situation morale dont jouit aujourd'hui le corps médical lyonnais, à celle qui lui était faite, il y a un demi-siècle, quand B. Teissier entra dans la carrière, nous serons étonnés des progrès accomplis.

« Pendant ces cinquante années, le corps des médecins des hôpitaux s'est créé, pour ainsi dire, et, de la situation inférieure que lui imposaient les mœurs et les règlements, est arrivé, à force de labeur, par le mérite de ses travaux, à marcher de pair avec les chirurgiens. Les services de clinique de l'Hôtel-Dieu comptaient seuls pour quelque chose, soit aux yeux de l'administration et du public lyonnais, soit dans l'esprit des étrangers. La Charité et l'Antiquaille ont su constamment égaler, et souvent surpasser, cette vieille renommée.

« De ce travail considérable effectué par le corps médical lyonnais, de cette lutte sans trêve pour l'accroissement de sa réputation et de sa considération, est résultée la création de la Faculté de médecine, pour laquelle le terrain était si bien préparé, qu'elle n'a pas connu la période d'organisation et de tâtonnements par laquelle passent toutes les institutions nouvelles.

« La valeur de son enseignement ne lui laisse qu'une rivale : Paris ; et, dans des circonstances récentes, le choix du ministère de la guerre, corroboré par l'approbation unanime du Parlement, a montré de quel crédit jouissent dans la France entière les médecins lyonnais.

« Ce n'est pas tout : l'Université lyonnaise existe en fait, sinon de droit, et les mérites de ses quatre Facultés ne tarderont pas à en imposer la reconnaissance officielle des pouvoirs publics.

« Voilà ce que le corps médical lyonnais a fait en un demi-siècle. Si ce magnifique essor résulte de l'effort commun, il faut en faire remonter l'honneur à ceux qui ont tenu la tête du mouvement. Beaucoup sont encore vivants, mais aucun n'a eu, sur les destinées de la médecine lyonnaise, une influence plus décisive, plus persistante et plus heureuse que B. Teissier.

« Je ne sais ce qui restera de ses œuvres et de ses publications ; son enseignement, quand le dernier homme de notre génération aura disparu, sera peut-être oublié, mais ce qui devra à jamais demeurer fixé dans le souvenir de tout médecin lyonnais, c'est la reconnaissance pour l'homme qui a été l'un de nos plus vaillants émancipateurs.

« Quand B. Teissier commença ses études, le but idéal que pouvait se proposer un débutant, c'était le majorat de l'Hôtel-Dieu. Le major de ce temps, véritable satrape de l'art médical, régnait en maître sur les médecins, qui ne se recrutaient guère que parmi les refusés des concours de chirurgie. Jamais la chirurgie lyonnaise n'avait été si brillamment représentée : A. Bonnet poursuivait le cours de ses travaux restés historiques. Teissier, au début, sacrifia, comme les autres, au dieu du jour et son mémoire sur : *Les dangers de l'immobilisation des jointures,* et sa thèse sur : *Le mal de Pott cervical,* montrèrent qu'il pouvait, lui aussi, aspirer aux plus hautes destinées chirurgicales.

« Il s'arrêta là et concourut pour une place de médecin des hôpitaux. Contrairement à la plupart de ses collègues, il n'avait pas pris la médecine comme un pis-aller, il ne s'était pas résigné à être médecin parce qu'il n'avait pas pu être chirurgien ; il avait choisi sa voie de propos délibéré et affirmé par ce seul acte, lui dont le mérite incontesté eût pu prétendre au majorat, qu'à ses yeux les médecins des hôpitaux devaient marcher sur le même pied que les chirurgiens. Cette idée dont personne, aujourd'hui que les vieux et ridicules préjugés, que les âpres revendications d'une injuste suprématie ont disparu, ne peut contester ni la justice ni l'utilité pour les malades, Teissier a su la faire prévaloir par les considérations dont sa valeur scientifique a revêtu le corps médical des hôpitaux, par l'habile douceur de son caractère, par sa bienveillance pour tous, même pour ses adversaires.

« Le premier à Lyon, il a montré qu'un médecin pouvait faire école et intéresser un auditoire d'élèves, à côté de l'amphithéâtre où régnait la déesse chirurgie.

« Et ceci m'amène à dire quelques mots de son enseignement, dont je peux bien parler, moi qui fus un de ses derniers internes. Ce qui dominait chez Teissier, c'était une grande lucidité, un bon sens impeccable et une absence complète d'entêtement. A ces facultés primordiales, il joignait un talent d'exposition merveilleux ; il était dans ses leçons cliniques toujours clair et intéressant.

« J'étais surtout frappé de voir cet homme de 70 ans ne répugner à aucune des idées nouvelles. Quand l'école de la Salpêtrière tira du chaos les maladies nerveuses, Teissier se mit à l'œuvre, et alors que ses contemporains restaient pour la plupart défiants devant les localisations centrales ou médullaires, il sut faire profiter son enseignement des découvertes nouvelles.

« La doctrine microbienne ne trouva pas en lui, quoiqu'il fût arrivé à la fin de sa carrière, cette opposition systématique, cette défiance obstinée qu'elle éveille chez grand nombre de médecins âgés.

« Une des grandes forces de Teissier a été certainement cette souplesse d'intelligence qui lui a toujours permis d'être au courant des progrès scientifiques, de reconnaître que les idées reçues étaient essentiellement perfectibles, cette conviction que la médecine n'était pas faite.

« J'arrête ici ces quelques lignes, qui n'ont pas la prétention de donner le portrait exact de l'homme dont nous déplorons la perte. Élève, je ne peux parler que des qualités qui m'ont frappé chez le maître. Les amis, les contemporains, les obligés, et ces derniers sont nombreux, diront ce qu'était le caractère de Teissier ; combien grande était sa bienveillance, quelle générosité était celle d'un homme qui n'eut pas un ennemi.

« En rendant ce dernier hommage au vieux professeur, nous éprouvons moins de douleur de sa perte qu'un sentiment de satisfaction, un peu amère peut-être, mais cependant certaine. S'éteindre à 76 ans, après un demi-siècle de vie utile et honorée, en laissant un souvenir si vivant dans l'esprit et le cœur de ceux qui vous ont connu, en étant continué par un fils digne de vous, c'est une belle destinée, et qui montre qu'il y a place pour autre chose que le pessimisme. La mort de Teissier, après sa vie, est un enseignement fortifiant pour ceux qui ne désespèrent pas de l'humanité. »

Dr Victor AUGAGNEUR.

Dans le *Lyon médical* (n° du 3 mars 1889), le docteur Diday, le vieil ami de B. Teissier, publiait de son côté le touchant panégyrique que voici :

« Bénédict Teissier a reçu notre suprême étreinte ! Et plus s'apaise le saisissement de la première heure, mieux notre regard affermi mesure la profondeur du vide soudainement ouvert. Ce n'est pas un ami seulement que perd le corps médical : c'est un homme. Une noble tâche remplie sans défaillances ; le plus enviable succès dignement conquis ; au premier appel, le poste de péril toujours réclamé pour la défense de la dignité professionnelle et le maintien de l'union confraternelle, ses titres à notre reconnaissance ne sont que de trop légitimes droits à nos regrets.

« Disciple favori d'Amédée Bonnet, de bonne heure il aperçut le but offert et la voie à suivre pour y parvenir. Quelque élevé que fût ce but, il ne pouvait tarder à l'atteindre, n'y tendant que par le chemin le plus court, le seul que connût le maître qui le lui avait tracé, la ligne droite.

« Ainsi dirigé, ainsi armé, mûr à l'âge où les autres mûrissent, notre ami devait, par la rapidité de sa progression ascendante, causer même à ceux à qui il inspirait la plus sincère estime, un sentiment qui, disons-le sans détour, n'était pas uniquement de l'appréhension.

« Aujourd'hui même, en effet, si l'observateur qui jette sur cette belle carrière un coup d'œil indépendant est surpris en comparant la grandeur du résultat avec la simplicité des moyens, c'est qu'il lui manque des exemples semblables à celui-ci pour apprécier la réelle valeur de ces moyens bien employés. — Confrère, clinicien, Teissier ne fut que cela : mais il fut cela. Disons à quel degré : là peut se borner notre panégyrique.

« Confrère, il l'était d'instinct, d'élan, avec conviction, avec obstination, peuvent dire ceux qui l'ont vu de près. Sous ce rapport, il prodiguait, sans songer à exiger la réciprocité. Or, être scrupuleux envers ses créanciers et accomodant avec ses débiteurs, c'est aller au-devant de sûrs mécomptes. Si Teissier en subit, jamais certes on ne s'aperçut qu'ils l'eussent corrigé.

« Mais sur un autre terrain, s'agissaient-il d'actes portant atteinte à la confraternité, sans le toucher lui personnellement ? Alors se réveillait sa susceptibilité. Prenant en sens inverse le fameux : « Moi ? c'est autre chose, » il ressentait sur l'épiderme d'autrui la piqûre qui lui eût impunément traversé la peau. Ce n'est pas que même en ce cas il protestât, il jetât les hauts cris ! Non : et d'ailleurs au sein de notre corporation lyonnaise, se passe-t-il rien qui motive de tels éclats ? Mais on connaissait l'impressionnabilité de cette sensitive à toute dissonance menaçant le parfait accord confraternel. Pour lire sa pensée, était-il besoin qu'il l'exprimât par des paroles ? Dans l'un de ces conflits qui parfois nous divisent, qui eût hésité à se rendre ; quel acharné contendant eût osé en appeler, si, les débats clos, son avocat était venu lui dire : « Teissier a plissé le sourcil ! » ou seulement : « Teissier a gardé le silence ! »

« Ne voulant l'union intime que pour qu'elle fût agissante, productive, sa participation était assurée à toutes les Associations où elle se retrempe, où elle se manifeste par des services. Assurée! qne dis-je ? au besoin, on la lui eût imposée. A la Société de médecine, il figurait, comme de droit, dans toutes les commissions permanentes. Et même aux réunions du bureau, combien de fois, surtout après sa mémorable présidence, ne l'avons-nous pas appelé à y prendre place. Le règlement l'interdisait cependant. Le règlement!... On se regardait, et l'on passait outre... C'était Teissier.

« Comme clinicien, Teissier a joui d'une popularité exceptionnelle. Son renom tient à plusieurs causes, de valeur inégale sans doute, mais toutes dignes d'être rappelées, le résultat parfait que nous avons tous admiré dépendant plutôt d'un ensemble coordonné de qualités sérieuses toujours présentes que de ce qu'on appelle le génie, hôte fugitif et trop souvent ou suppléé ou sourd à l'appel.

« Et, d'abord, il eut constamment le respect, le souci du malade d'hôpital.

« Ainsi, c'est une des caractéristiques les mieux justifiées de la science moderne que la revision sévère de la classe des affections dites *à frigore*. En vertu de quel illogisme travaille-t-il donc parfois à les multiplier par sa technique, cet enseignement dont l'esprit essentiel est de les restreindre? *Clinique* vient de *χλινη*, *lit,* n'est-ce pas? Et l'on pourrait citer maintes chaires dont le titulaire ouvre sa leçon par une double entorse à l'étymologie et à l'humanité. Tirer de sa couche pour l'exposer nu sur une estrade un pauvre diable à peine remis du tremblement que lui donna le seul mot d'*hôpital!...* J'ai vu frémir Teissier; je l'ai vu, par un réflexe de nouveau genre, je l'ai vu frissonner à l'annonce de la prochaine importation chez nous de ce nouvel usage. Et parfois, un sourire qui n'appartenait qu'à lui décelant sa pensée intime : « Est-ce donc là le seul sens dans lequel un professeur de clinique puisse avoir l'idée de *déshabiller* son malade ? » semblait-il murmurer.

« Bientôt, je l'espère, l'occasion me sera donnée de raconter les débuts de Teissier dans l'enseignement ; de dire comment, d'abord professeur presque *malgré lui*, il devint maître acclamé. Franchissons ces premières étapes. Définitivement installé, bientôt cet initiateur-né saura prouver que le mot *sacerdoce* n'a rien d'exagéré pour définir la manière dont il comprend sa mission vis-à-vis des élèves. « En vingt-cinq ans, pouvait-il s'écrier avec le seul mouvement d'orgueil qu'on lui ait connu, je n'ai pas manqué plus de quatre ou cinq leçons. » Et leçons, toutes, sans en excepter une seule, préparées avec un soin méticuleux, et préparées dès la veille pour laisser place au scrupule nocturne père de l'insomnie... et du perfectionnement, sinon de la perfection. Jamais il ne se fia, lui si riche en ce genre usuel d'équivalents, à son don d'improvisation, aux souvenirs de sa vaste carrière, aux incursions dans le champ doctrinal ou critique. A la banale question : « Sur quel sujet allez-vous aujourd'hui faire votre cours ? » — « Vous voulez dire sur quel malade ? » était sa seule réponse.

« C'était le malade, en effet, qu'il présentait d'abord aux élèves. Tout cas propre à inspirer une leçon profitable a un point à la fois culminant et obscur : ce sera tantôt la cause, tantôt la nature, le siège précis, la tendance à telle terminaison, la contagiosité, etc. Dégagé, mis en relief par un exposé sommaire, c'était sur ce point que Teissier faisait converger tous les rayons, rassemblait tous les moyens d'information, de démonstration, de contrôle ; et tous agencés, échelonnés, sériés, de façon à faire naître la solution non comme une étincelle qui a jailli par un coup heureux, mais comme une résultante qui ne saurait manquer de se produire dans la forme et à l'heure voulue. — Puis, le cas baptisé, le problème nosologique hors de cause, au moment où l'on croyait tout fini, surgissait la question pratique avec toutes ses exigences, amenant en scène le clinicien avec toutes ses ressources. Car cette entité nosologique a pour support un être vivant, un homme : selon son origine, ses antécédents, sa constitution, son moral, son hygiène, le milieu qu'il habite, cet homme influencera le processus non moins que le processus l'avait influencé lui-même. Voilà ce qu'il faut avoir fixé pour viser fructueusement le but, le seul but de toute enquête médicale, la *thérapeutique*. Voilà le fond même de notre science-art. Voilà comment le maître qui apprend ainsi à penser, à scruter, à découvrir par soi-même, fait de l'étudiant assidu un praticien recherché. Et voilà, autant qu'une sèche et froide dissection peut représenter la vie, voilà ce qui, trente ans durant, enchaîna au pied de cette chaire un flot incessamment renouvelé d'auditeurs, dont plusieurs devenus des maîtres, mais dont aucun ne sortit de là que pleinement instruit de la conduite à tenir en face de tel malade que ce fût : car c'était encore un des mérites, c'était la vraie supériorité didactique de cet enseignement, que, au lieu, comme tant d'autres, de s'en tenir à quelques sujets préférés, le professeur s'attachait, au contraire, à parcourir le cycle entier de la pathologie.

« Et maintenant si quelqu'un demande encore pourquoi Teissier « n'a rien produit », pourquoi son nom manque aux catalogues de librairie ?... Vous vous trompez, répondrai-je, Teissier a, à son compte, un Traité classique, paru en deux livraisons par semaine, arrivé aujourd'hui à sa huitième édition. — Ne sont-ce pas autant de livraisons, en effet, que cette série ininterrompue de *chapitres parlés*, d'instructives conférences à jour fixe ? Ne représentent-elles pas autant d'éditions successives ces générations d'élèves que, au prix du labeur le plus assidu, le maître tenait incessamment au courant des progrès de la science ? Et s'il faut, selon l'usage, à ce livre une préface, où la trouver plus éloquente que dans ce mot recueilli par moi, après une de ces leçons, de la bouche du fonctionnaire le plus rétif à l'éloge, de l'inspecteur général Denonvilliers : « Nulle part, même à « Paris, je n'ai vu d'enseignement mieux approprié à son « objet. »

« Mais l'œuvre de Teissier n'a pas seulement fécondé; elle a révolutionné. Révolutionné !... Oui, ce patient analyste, ce doux charmeur a fait une révolution; plus qu'une révolution, il a fait les mœurs qui font les révolutions. De temps immémorial, chez nous, le *majorat* absorbait à son profit la faveur publique. Dans le monde, même dans ce qu'on nomme le monde savant, venait-on à citer la médecine lyonnaise ? Il était sous-entendu que c'est de la *chirurgie* lyonnaise qu'on avait parlé. De retentissants concours, de solennelles séances d'installation, une disproportion démesurée du nombre de lits appuyaient, étendaient, perpétuaient ce prestige exclusif dont la crédulité du vulgaire avait fini par faire le plus étrange monopole.

« C'est depuis l'enseignement de Teissier, et c'est par l'enseignement de Teissier que les choses ont été remises en leur place. Si, de par la *médecine*, de méritants collègues occupent maintenant dans les conseils de l'Administration, dans la confiance de toutes les classes de la société le rang auquel ils ont droit, et si c'est un *major* même qui se félicite de pouvoir dire ici à quelle hauteur s'élève aujourd'hui ce rang jadis si injustement abaissé, que nul n'oublie la part due au simple travailleur qui, trente ans durant, — il n'a pas fallu moins, —

à l'instar du philosophe antique, montra, en marchant, comment on monte.

« Seuls, le confrère, le professeur auront un instant revécu dans l'esquisse que je viens d'ébaucher. Il faudrait plus de temps et plus de calme pour toucher aux faces séduisantes de cette loyale et tendre nature, de cet inépuisable prodigue, à qui la cité rendait hier, en hommages, ce qu'elle a reçu de lui en bienfaits. Un dernier trait toutefois va compléter sa peinture, c'est la parfaite ressemblance de Teissier avec celui qu'il se plaisait lui-même à nommer son modèle, avec Amédée Bonnet. Sortis des mêmes rangs, après une jeunesse soumise et trempée aux mêmes épreuves, à tous deux il est donné, pour leur début, de relever, de restaurer, d'inaugurer la clinique chirurgicale et la clinique médicale, l'une et l'autre tombées en d'impuissantes ou insoucieuses mains. — Au même degré, pour tous deux, l'austérité des mœurs est la devise ; le culte de l'amitié et la passion du travail, l'unique jouissance. — Tous deux restent *nôtres*, vouent à la Médecine Lyonnaise la somme de leur activité, renferment dans la sphère lyonnaise l'idéal de leurs aspirations. — Tous deux enfin, par un même sort, tombent, lentes victimes du devoir accompli, sous le coup de la même atteinte aux mêmes organes prédisposés par les mêmes causes d'épuisement.

« Aux générations témoins de tant d'efforts, de tant de vertus, il appartient de réunir dans un semblable hommage ceux entre qui le Créateur avait serré de tels liens. Le deuil imposant qui a frappé nos yeux veut une consécration durable ; et justement un premier, un inoubliable exemple est là pour attester avec quel empressement, sous quelle forme, la piété publique répond, chez nous, à cet appel.

« Eh bien ! à côté, tout près du maître, une place attendait le disciple. Que cette place plus modeste — celle qu'il eût lui-même choisie — soit occupée. Que son image ineffaçable, placée dans l'amphithéâtre où il *fit* la clinique médicale, y rappelle, avec les titres et la tradition du fondateur, la gratitude et l'admiration des initiés. Collègues, confrères, élèves, obligés à tous degrés et de toute sorte, acquittons-nous. Pour le bien plus encore que pour l'honneur de l'humanité, il est des dettes qu'on ne doit pas laisser en souffrance. »

Dr P. Diday.

La presse parisienne tint de son côté à honorer la mémoire de l'éminent praticien lyonnais. La *Gazette hebdomadaire,* la *Revue de médecine* annoncèrent la mort de Teissier avec les plus sympathiques regrets. Le *Progrès médical* lui consacra la notice biographique suivante, que nous tenons à reproduire :

« M. le Pr Benoît-Marie-François Teissier, le père du sympathique professeur de la Faculté de Lyon, vient de mourir dans cette ville, le 22 février, à l'âge de soixante-seize ans.

« M. Teissier était né le 13 avril 1813, à Lyon, de parents dont la situation était fort modeste, mais qui avaient le culte du travail et de l'instruction. Le père du médecin dont nous déplorons la perte aujourd'hui était un petit négociant en chapellerie qui, de bonne heure, envoya son fils au Lycée de Lyon, où il remporta de brillants succès. Son goût pour les mathématiques le fit remarquer de ses professeurs et d'Ampère lors d'une tournée d'inpection. On le destinait à l'École polytechnique; mais ce fut un petit héritage (quelques livres de médecine légués par un voisin) qui décida de son avenir : Teissier étudia la médecine. Il apporta dans cette branche de la science la même ardeur que pour les sciences dites exactes et fut reçu interne des hôpitaux de Lyon en 1834. A son arrivée à Paris, il comprit de suite ce que valaient les maîtres d'alors et fut un des grands admirateurs de Louis, Andral, Cruveilhier.

« Il fut reçu ensuite docteur en 1841 et présenta comme sujet de thèse un mémoire sur l'*arthrite occipito-atloïdienne*, mémoire resté classique.

« Rentré à Lyon, il se lia d'amitié avec Amédée Bonnet, dont il devint le collaborateur le plus intime et dont il resta le confident de chaque jour jusqu'à sa mort (1858). Bonnet a eu sur lui une influence considérable ; et ces relations orientèrent d'abord B. Teissier du côté de la chirurgie. C'est ainsi que, dès 1842, il publiait son beau mémoire sur *les effets de l'immobilité sur les articulations saines*. Mais une maladie inattendue, qui le força d'aller passer quelques mois dans le Midi, fit changer ses dispositions.

« Le concours du majorat de l'Hôtel-Dieu ayant eu lieu, et Barrier nommé pendant son absence, son état physique ne lui paraissant pas non plus compatible avec la vie chirurgicale, il concourut pour la place de médecin des hôpitaux et fut nommé en 1844.

« Sitôt en possession de son service, il fit de la clinique libre et l'éclat de son enseignement fut si grand que l'Inspecteur général, de passage à Lyon, reconnut sa présence comme nécessaire dans le sein de l'École. L'École de médecine fut réorganisée en 1854 et il fut nommé d'emblée professeur-adjoint de clinique médicale.

« En possession d'une chaire officielle, consacrant à son enseignement ses forces les plus vives, il ne tarda pas à grouper autour de lui un auditoire compact de médecins, d'élèves et d'amis. Son vœu le plus cher était réalisé ; il avait relevé à Lyon l'enseignement de la médecine pure qui pouvait dorénavant marcher de pair avec la chirurgie exclusivement en honneur jusqu'à lui. Ce fut pour ces services universitaires que M. Duruy lui envoya, avec une mention spéciale, la croix de la Légion d'honneur (1862). B. Teissier a continué son enseignement avec le même éclat et en rendant les mêmes services pendant trente ans, c'est-à-dire jusqu'en 1884.

« Durant sa longue carrière, il a reçu toutes les distinctions et occupé toutes les places d'honneur, auxquelles son savoir et son caractère lui donnaient droit : il fut successivement, président de la Société de médecine de Lyon, président de l'Académie des sciences, belles-lettres et arts de Lyon, membre correspondant de l'Académie de médecine (1878) et enfin associé de l'Académie (1888). L'Académie de Lyon le reporta une seconde fois à la présidence, en 1887, et c'est en son nom qu'il dût prendre la parole, tout dernièrement encore, aux côtés de M. le Président de la République, pour célébrer les mérites de A.-M. Ampère, dont on inaugurait la statue à Lyon. Il fut aussi Vice-Président aux congrès internationaux de Paris (1867) et de Florence (1869) ; c'est lui aussi qui présidait la section des sciences médicales, lorsque l'Association française se réunit à Paris en 1878.

« B. Teissier a publié un grand nombre de mémoires, dont le souvenir n'est pas encore oublié. Sans parler de ses premiers travaux de chirurgie, on peut citer surtout : Son travail sur l'*Hydrométrie et la tympanite utérine, en dehors de l'état de gestation* (1843) ; ses tentatives hardies d'*injections iodées dans le péritoine* (1858) ; ses remarquables recherches sur l'*Ataxie du mouvement*, condensées en deux mémoires datant de 1862 et 1864, où il répand la notion de la maladie de Duchenne et où figurent déjà des observations de pseudo-tabes; son travail sur le *Goître exophthalmique* (1865), cité souvent dans la clinique de Trousseau, mémoire dans lequel il fait de la maladie de Basedow une affection des nerfs vaso-moteurs ; où, le premier, il signale l'augmentation de la température centrale, et montre les merveilleux effets de l'hydrothérapie dans le traitement de cette maladie ; ses leçons sur les *Diathèses*. B. Teissier a consacré un nombre considérable de mémoires à l'étude de la Thérapeutique. Il a contribué pour une bonne part à répandre l'*Aconit napel;* il a étudié très soigneusement la digitale, la reine des prés, la millefeuille, les effets du *vin scillitique laudanisé,* dont la formule classique est reproduite partout, enfin les effets de l'*arsenic* dans la cure des *névroses viscérales*. Son activité était énorme ; il suffisait aux exigences d'une clientèle considérable, mais était d'une assiduité exemplaire aux séances des Académies et des Sociétés savantes. On trouve dans leurs recueils, comme dans les comptes rendus des différents congrès, la trace de sa collaboration la plus dévouée ; c'est là qu'on pourra lire ses communications sur les *effets de la digitale, sur la phtisie ab hemoptoe* (Montpellier, 1879) ; *sur le traitement du diabète sucré par le bromure ;* sur la cure *des kystes hydatiques du foie ; sur les pseudo-cancers de l'estomac ;* sur *la bronchite pseudo-membraneuse,* etc., etc.

« Partout, en résumé, dans sa vie sociale, comme dans sa vie professionnelle ou privée, il s'attacha à être l'homme du travail et du devoir. Nous prions M. le Pr J. Teissier, son fils, de vouloir bien recevoir tous nos compliments de condoléance. »

Mais un des éloges les plus touchants fut certainement celui que M. le professeur Bondet consacra, dans le *Bul-*

letin de l'Université, à l'ami, au maître respecté qui l'avait précédé dans la chaire de clinique médicale :

« LE PROFESSEUR B. TEISSIER

« Le corps universitaire lyonnais vient de perdre, en la personne de M. le professeur B. Teissier, un de ses membres les plus éminents, les plus aimés et les plus justement estimés.

« Attaché pendant trente ans, comme professeur de clinique médicale, à l'ancienne École de médecine d'abord, à la Faculté depuis sa fondation, jusqu'en 1884; médecin honoraire des hôpitaux, ancien président de la Société de médecine de Lyon, deux fois président de notre Académie des sciences, belles-lettres et arts, associé national de l'Académie de médecine de Paris, M. Teissier est mort, le 22 février 1889, au milieu d'une famille qui le chérissait, entouré d'honneurs justement mérités, de chaudes affections, de l'estime et des sympathies de tous.

« Une foule attristée a suivi son cortège, tenant à faire honneur au cercueil du savant, de l'homme de bien, dans la plus large acception du mot ; si sur sa tombe aucun discours n'a été prononcé, c'est qu'il l'avait formellement voulu. Respectueux de ses dernières volontés, collègues, élèves, amis ont dû faire le silence autour de celui dont la vie, toute de travail et de dévouement, avait inspiré de si profondes affections. Un jour viendra où, dans les corps savants dont il a fait partie, on dira cette vie telle qu'elle a été, dans toute sa simplicité, et dans toute sa grandeur.

« Cette narration sera certainement le meilleur moyen d'honorer, comme elle le mérite, la mémoire de celui qui a su porter si haut l'amour du travail, le sentiment du devoir, le respect de lui-même et des autres, la dignité de la vie.

« En attendant que la chose se fasse, nous tenons à rappeler en quelques mots les traits principaux de cette individualité attachante, sympathique entre toutes, si admirablement douée au triple point de vue de l'intelligence, du caractère et du cœur.

« Né à Lyon, le 13 avril 1813, de parents modestes, mais ayant le culte de l'instruction et du travail, Benoît-Marie-François TEISSIER, après des études faites au Lycée de Lyon, où l'abbé Noirot enseignait alors la philosophie, chercha quelques instants sa voie.

« Il songea d'abord à entrer à l'École polytechnique : ses aptitudes particulières, son goût pour les mathématiques, l'entraînaient vers les sciences exactes. Ce fut un petit héritage, composé de livres de médecine légués par un voisin de son père, qui décida de sa vocation et de son avenir : il voulut être médecin. En 1832, il entrait à l'École de médecine ; deux ans après, il concourait avec succès pour l'internat des hôpitaux ; son internat terminé, il songea à aller compléter ses études et passer ses examens à Paris. L'envie de voir la capitale, de se mêler à ce grand mouvement historique, littéraire et philosophique, créé par l'enseignement des Guizot, des Villemain, des Cousin, fut certainement pour quelque chose dans ses projets ; mais ce qui l'attirait surtout, c'était la Faculté de médecine de Paris, sur laquelle les leçons d'Orfila, de Louis, d'Andral, de Cruveilhier jetaient alors le plus vif éclat.

« C'est à l'école de ces maîtres qu'il eut la rare fortune de terminer sa médecine, et lorsqu'en 1841 il revint dans sa ville natale, il était armé pour la lutte et heureusement préparé pour le succès.

« De cette époque datent ses premières relations avec

un homme qui devait avoir une grande influence sur son avenir. Amédée Bonnet venait d'entrer à l'Hôtel-Dieu comme chirurgien en chef. Jeune, ardent, passionné pour le travail, avide de s'instruire et surtout d'instruire les autres, son service devint bientôt le rendez-vous de toute une pléiade de jeunes médecins, parmi lesquels Teissier sut se faire remarquer au premier rang. Au contact de cet illustre maître, qui de plus en plus l'attacha à sa vie, dont il devint l'ami après avoir été son collaborateur le plus assidu, il put tremper son caractère et développer ses facultés originelles. Ce qu'il fut plus tard, il le dut en partie, ainsi qu'il aimait à le rappeler lui-même, à la pratique familière de l'homme vraiment supérieur, qui a été et qui restera l'une des gloires les plus pures de la médecine lyonnaise.

« Cette collaboration de Teissier aux travaux d'un chirurgien semblait devoir l'entraîner vers cette branche de la médecine ; une maladie imprévue, qui le força d'aller passer quelques mois dans le midi et l'empêcha de prendre part au concours de majorat dans lequel Barrier fut nommé, modifia, heureusement peut-être, pour lui et pour nous, ses premiers projets.

« A son retour, il concourut pour la place de médecin des hôpitaux et fut nommé.

« Aussitôt en possession de son service hospitalier, ses qualités de clinicien attirèrent à lui la jeunesse médicale ; son enseignement libre eut un tel retentissement qu'il fut décidé, à la suite d'une visite de M. l'Inspecteur général Bérard, que, dans la réorganisation de l'École de médecine qui allait avoir lieu, la place de professeur-adjoint de clinique médicale lui serait donnée.

« Dans ces nouvelles fonctions, qui datent de 1854, Teissier déploya une activité et un zèle incessants.

« Déjà, en dehors de sa thèse sur l'*arthrite occipito-*

atloïdienne et de son mémoire sur l'*influence de l'immobilité des jointures sur les articulations*, il avait publié divers mémoires de thérapeutique, sur l'aconit, la rue, la millefeuille, sur l'usage de l'ammoniaque liquide; déjà avait paru ses recherches sur l'*hydrométrie* et la *tympanite utérines*. A partir de cette époque, il publia successivement une série de travaux sur le *ramolissement cérébral à forme chronique*, sur le *traitement de l'ascite par les injections iodées*, sur les *constitutions médicales*, les *diathèses;* en 1864 parurent ses remarquables observations sur l'*ataxie locomotrice*, ou *maladie de Duchenne;* presque à la même époque, un travail sur le *goître exophtalmique*. Dans ce travail, souvent cité par Trousseau dans ses cliniques, il fit de la maladie de Basedow une affection des nerfs vaso-moteurs, signala le premier l'augmentation de température qu'on y observe et montra les admirables effets de l'hydrothérapie pour son traitement. A ces travaux s'ajoutèrent plus tard diverses communications sur la *phtisie ab hemoptoe*, sur le *traitement du diabète par le bromure de potassium*, sur la *bronchite pseudo-membraneuse*, sur les *pseudo-cancers de l'estomac*. On se demande, en présence de cette énumération déjà longue et certainement incomplète de ses publications, comment il a pu suffire aux exigences multiples de ses malades et de son enseignement, comment, en dehors de ses devoirs professionnels et de ses leçons, il a pu trouver le temps d'être toujours, dans toutes les sociétés savantes auxquelles il a appartenu, un des membres les plus assidus, les plus actifs et les plus écoutés.

« Pour ceux qui n'ont vu que de loin l'existence de cet homme aux apparences délicates, presque maladives, la réponse peut être embarrassante; elle est facile pour ceux qui l'on suivi de près. Teissier a voulu; il a voulu fortement, dominé sans cesse par une idée qui a été le mobile supérieur de sa vie, l'accomplissement du devoir; il a eu cette préoccupation constante, apprendre et bien faire. Pour atteindre ce but, rien ne lui a coûté : travail incessant, efforts continus, lutte de tous les jours, il lui a tout sacrifié, tout, excepté les siens.

« Quand on jette un regard d'ensemble sur cette longue carrière, si vaillamment parcourue, si fructueusement et si brillamment remplie, on ne s'étonne que d'une chose, c'est que ses forces n'aient pas trahi plus tôt sa volonté et ses efforts.

« Teissier n'a pas seulement pratiqué et enseigné la médecine ; on peut dire qu'il lui a fait, grâce à sa vie tout entière, à son caractère, à son talent, la place qu'elle occupe aujourd'hui à Lyon. Jusqu'à lui, en effet, la chirurgie trônait en souveraine, et si actuellement une part équitable est faite à la médecine, à côté de la chirurgie, c'est à lui que nous le devons; nous ne saurions l'oublier.

« Pour suffire à tout, sa vie n'a été qu'un perpétuel labeur, qu'un constant désir d'être utile, de faire plaisir, et surtout de bien faire. Cet idéal, cette aspiration à la perfection, naturellement visée et souvent obtenue, n'a pas été un des côtés les moins intéressants de la physionomie de celui qui, après avoir été notre maître, doit rester notre modèle. Qu'on le suive auprès de ses malades de la ville, dans sa vie hospitalière, dans son enseignement, au sein des Sociétés savantes, dans sa vie privée, partout et toujours nous retrouvons cette préoccupation incessante de bien faire. Cette pensée de tous les instants, qui avait fait de lui un médecin recherché, un remarquable professeur, en avait fait aussi, en développant ses qualités naturelles, une des physionomies les plus attachantes que nous ayons jamais rencontrées.

« Sa bienveillance, sa bonté étaient proverbiales. Je ne sache pas, disait en parlant de lui son compagnon de tous les jours, le confident de toutes ses pensées, son fidèle et cher ami, le docteur Coutagne, qu'il eût jamais repoussé la main qui se tendait vers lui. Obligeant également pour tous, aussi indulgent pour les autres qu'il était difficile et sévère pour lui-même, tel a été le fond de cette nature essentiellement bonne. C'est cette extrême bonté, mise au service de son talent d'habile clinicien, qui lui a permis de soulager tant d'infortunes, de rappeler à l'espoir tant de découragés. Avec quel art merveilleux il savait remonter un malade, relever le moral défaillant d'un mourant! Ceux-là seulement qui l'on vu à l'œuvre pourraient dire à quelle puissance de pénétration communicative il savait atteindre, lorsqu'il s'agissait de rendre une dernière illusion à celui qui sentait qu'il allait mourir.

« Riches ou pauvres, cette sollicitude, il faudrait dire cette tendresse pour les malades, ne variait jamais. Aussi, n'était-ce pas seulement del'affection que ceux-ci avaient pour lui, mais une véritable vénération. Pendant longtemps il fut le médecin le plus recherché et le plus écouté, pendant longtemps il ne fut presque pas possible de mourir à Lyon, sans qu'on eût demandé et suivis ses conseils.

« Avant tout, Teissier était professeur : comme son maître et ami Bonnet, il avait le goût de l'enseignement.

« Formé de bonne heure à la pratique du malade, ayant beaucoup vu, beaucoup observé, il avait toutes les qualités pour y réussir. Avec quel art admirable il savait interroger ses malades ! Quel soin il apportait dans l'analyse, le groupement, la discussion des symptômes! Quelle sûreté de vue dans ses jugements, quelle variété de ressources dans sa thérapeutique ! — C'était bien le vrai clinicien. Ses visites au lit du malade, toujours conscencieusement faites, pleines de fines observations, de judicieuses remarques, n'intéressaient pas moins que les cliniques, toujours soigneusement préparées, qu'il faisait à l'amphithéâtre. Chacune de ses leçons était un modèle de clarté : tout s'y tenait, s'y enchaînait méthodiquement; l'extrême facilité de sa parole, que complétait parfois une mimique expressive, donnait à son exposition un caractère attachant qui faisait qu'on ne se lassait jamais de l'écouter et de l'entendre.

« C'est grâce à ces qualités, grâce aussi à une attraction toute particulière de sa personne, à la sûreté de ses rapports, à l'élévation de son caractère, qu'il eut le rare bonheur de conserver jusqu'à la fin, autour de sa chaire, un nombreux auditoire d'élèves et de médecins. En 1862, sa nomination dans la Légion d'honneur, accompagnée d'une lettre de M. Duruy, alors Ministre de l'Instruction publique, le félicitant de l'éclat de son enseignement, avait été la juste récompense de ses services universitaires.

« En dehors de cette distinction, dont nous avons vainement attendu la transformation, Teissier a eu tous les honneurs. Partout où il a figuré, les hommages les plus flatteurs ont été rendus à son caractère et à son talent; il a été successivement président de la Société nationale de médecine, président de l'Académie des sciences, belles-lettres et arts de Lyon, membre correspondant de l'Académie de médecine de Paris en 1878, Associé national en 1888. L'Académie de Lyon l'a porté de nouveau à la présidence en 1887, et c'est en son nom qu'il dut prendre la parole, il y a quelques mois à peine, pour célébrer l'œuvre de A.-M. Ampère dont on inaugurait la statue à Lyon.

« Dans les Congrès internationaux de Paris en 1867,

de Florence en 1869, il avait été choisi comme vice-président. C'est lui qui, en 1878, a eu l'insigne honneur de présider à Paris la section des sciences médicales au Congrès de l'Association pour l'avancement des sciences.

« Tant de travaux, tant d'occupations diverses dans lesquelles il s'était toujours prodigué n'avaient cependant pas altéré sa santé ; tel nous l'avions connu, il y a plus de vingt ans, tel il était encore malgré ses soixante-douze ans, après trente ans de professorat en 1884, époque à laquelle il crut devoir donner sa démission de professeur de clinique à la Faculté de médecine. Si depuis cette époque il a vécu plus retiré, il n'a pas cessé un seul instant de se mêler aux choses de la médecine, suivant avec intérêt ses transformations, approuvant les unes, critiquant les autres, et gardant dans sa retraite la légitime influence qui était due à son talent aussi bien qu'à son caractère.

« Pour ébranler cette heureuse et brillante organisation, il a fallu que le malheur vînt frapper à sa porte : l'année dernière, il perdait successivement son frère, sa sœur, sa femme. La mort de celle qui pendant tant d'années avait été la fidèle et tendre compagne de sa vie, lui fut particulièrement douloureuse. A partir de ce moment, ses forces parurent diminuer, il y eut comme un voile de tristesse étendu sur cette physionomie habituellement si douce, si bienveillante. Son esprit préoccupé semblait par moments absorbé par de tristes pressentiments.

« Il y a quelques mois, à la suite du discours qu'il prononça à l'inauguration de la statue Ampère, il dut prendre un repos qui n'était pas dans ses habitudes. A peine remis, il reprit sa vie habituelle, s'occupant de ses enfants, visitant ses amis, travaillant toujours. Il y a quinze jours, je le trouvais encore à sa table de travail, corrigeant des épreuves, correspondant avec celui dont il a vu le succès, avec son fils bien aimé.

« Jusqu'à la fin de sa carrière, Teissier a gardé intacte sa belle intelligence. Il est mort le 22 février 1889, après une courte maladie, avec une clairvoyante résignation, n'ayant rien perdu de ce qu'il fut, en pleine activité, en pleine gloire. C'est dans son cabinet, où il avait désiré être transporté, qu'il a rendu le dernier soupir, au milieu de ses notes, de ses livres, avec le souvenir de tout ce qui y avait vécu avec lui. Il est mort, ayant à ses côtés ses enfants, ses amis, ses serviteurs fidèles en pleine connaissance de lui-même, en homme et en chrétien. Pour ceux qui en ont été les témoins, cette mort a été un dernier et sublime enseignement.

« Teissier s'est vu mourir, et il a su mourir. Que le digne héritier de son nom, notre cher collègue et ami, M. le professeur Joseph Teissier, que tous ses enfants qui nous ont permis d'assister à cette dernière leçon de celui qui, après avoir été notre maître, était devenu notre ami, reçoivent ici l'expression de notre profonde sympathie ! »

Dr Bondet.

Voici maintenant les deux discours qui furent prononcés à la Société de médecine et à l'Académie par leur Président, à l'ouverture de la séance qui suivit les obsèques de B. Teissier :

Discours de M. DELORE

A LA SOCIÉTÉ DE MÉDECINE

« Messieurs,

« Aujourd'hui ont eu lieu les obsèques de M. Teissier père, un des membres les plus distingués de notre Compagnie. Le concours empressé de tout ce que Lyon compte de notabilités montre assez la valeur de l'homme que nous avons perdu. Je n'ai point en ce moment à vous faire son éloge, un jour viendra où un de nos collègues vous dira les travaux considérables qu'il a produits, ses remarquables qualités de clinicien, la sûreté de son diagnostic, la lucidité admirable de son enseignement et la sollicitude bienveillante dont il entourait ses malades.

« Pour se conformer à l'expression formelle de sa volonté, aucun discours n'a été prononcé sur sa tombe; c'est une marque de cette modestie exquise qui distinguait notre éminent confrère. Nous aurions été heureux cependant de témoigner en public de l'estime que lui avaient value la droiture de sa conduite, l'étendue de ses connaissances médicales et les sentiments affectueux qu'il a prodigués à tous ceux qui ont pu le voir de près. M. Teissier est parmi nos collègues un de ceux qui ont rendu le plus de services à la Société de médecine. Pendant de longues années, il lui a consacré son temps, son intelligence d'élite, soit comme trésorier, soit comme président. Il nous a donné la primeur de nombreux travaux et il a pris une part active à beaucoup de discussions intéressantes. En toutes circonstances, il était d'une assiduité et d'une exactitude exemplaires, montrant ainsi combien il estimait ses confrères et quelle haute idée il avait du devoir professionnel.

« Laissez-moi, en terminant, vous rappeler quelques détails sur les derniers instants de cet homme de bien. Dès qu'il fut frappé par le mal qui devait l'emporter, il apprécia immédiatement la gravité de son état, et dès lors il se prépara à mourir avec une calme résignation. Il fit appeler tous les membres de sa famille, tous ses amis, ses domestiques; pour tous il eut de bonnes et affectueuses paroles, laissant ainsi un magnifique exemple à tous ceux qui en ont été les témoins.

« Messieurs, nous avons fait une perte cruelle; aussi, pour honorer la mémoire de notre cher collègue, de notre ancien président, je propose de lever la séance en signe de deuil. »

Discours de M. ROUX

président de l'académie (classe des lettres)

« Messieurs,

« La mort, qui pendant quelque temps avait épargné notre Compagnie, frappe maintenant des coups répétés dans ses rangs. Hier, nous perdions M. Guigue, ce savant, cet érudit, dans lequel l'archéologie salue un de ses maîtres. Aujourd'hui, s'ouvre devant nous une nouvelle tombe, celle de notre cher président, le docteur Teissier, qui fut, lui aussi, un maître dans la science médicale. Au moment de lui adresser un dernier adieu, je ressens une émotion profonde; car pour moi, il n'était pas seulement un collègue, il était encore un guide et un ami.

« Né en 1813, M. Teissier fit ses études au Lycée de Lyon. Il fut l'un des élèves de l'abbé Noirot, et, comme tous les disciples de ce philosophe éminent, qui enseignait l'alliance féconde de la science et de la foi, il lui a toujours gardé la plus vive reconnaissance. Ses succès en mathématiques semblaient indiquer la direction qu'il devait suivre, et lui tracer le chemin qui conduit à nos écoles spéciales. Mais la carrière médicale l'attirait. Il s'y voua avec ardeur, et en 1834, à 21 ans, il fut l'un des élus du concours de l'internat. Il y avait alors à l'Hôtel-Dieu un homme dont le nom est resté célèbre, M. Bonnet. Le grand chirurgien n'avait pas tardé à remarquer le jeune interne. Frappé de ses rares aptitudes, il se l'attacha comme secrétaire, et l'initia lui-même aux secrets de l'art de guérir.

« Pendant cette première période de sa carrière, M. Teissier s'est inspiré de M. Bonnet. Ses premiers travaux, notamment sa thèse pour le doctorat, sont en effet presque tous des travaux de chirurgie. Il apportait à son maître la plus dévouée et la plus utile des collaborations ; et je me suis laissé dire que certains mémoires, revêtus de la signature du fameux major de l'Hôtel-Dieu, sortaient presque entièrement de la plume de son jeune secrétaire. Mais le goût de M. Teissier le faisait pencher vers la médecine proprement dite. Cette science sera désormais l'objet de ses préoccupations exclusives ; bientôt elle ne comptera plus ses succès, et elle lui devra de voir revenir à elle le courant qui portait vers les majors de nos hôpitaux tant de malades atteints d'affections non chirurgicales.

« Nommé médecin des Hospices au concours de 1844, il organise, à l'instar de ce qui se passe en Allemagne, une clinique libre, officieuse, dont le succès a un tel retentissement que le Ministre de l'Instruction publique n'hésite pas à créer pour lui, en 1854, une chaire de clinique à l'Ecole secondaire de médecine. Dès lors commence cette carrière de l'enseignement officiel, qu'il a parcourue pendant trente ans avec tant d'éclat. Clarté, méthode, utilité pratique, toutes ces qualités brillaient dans ses leçons. Jamais professeur ne fut plus aimé de ses élèves. C'est qu'il s'intéressait à leur avenir, les suivait dans leurs travaux, leur communiquait en quelque sorte le feu sacré dont il était animé lui-même. Combien de thèses, de monographies diverses, sont ainsi écloses de son inspiration ! Combien d'œuvres de longue haleine ont jailli de la même source ! Ai-je besoin de dire que parmi tous ces élèves, il en est un qu'il considérait comme son honneur et sa couronne? J'ai nommé son fils, M. Joseph Teissier, professeur à la Faculté de médecine de Lyon.

« Je n'ai aucune compétence pour parler de l'œuvre scientifique de M. Teissier. Il appartient à ses disciples, dont plusieurs sont parvenus au rang le plus élevé, de la décrire avec autorité. Je me borne à constater qu'il a apporté sa pierre à cet édifice imposant, presque entièrement reconstruit de nos jours, de la science médicale. Malgré les exigences d'une clientèle toujours croissante, il a trouvé le temps de publier des travaux très appréciés, notamment sur *l'effet de l'immobilité sur les articulations, l'ataxie locomotrice, le goître exophtalmique, les diathèses ou maladies constitutionnelles*, *les injections iodées dans le péritoine*, etc.

« Au point de vue philosophique, doctrinal, à ce point de vue qui décide de l'orientation des esprits vers un pôle ou vers un autre, et qui exerce une influence décisive sur la direction des études médicales, quel était le sentiment de M. Teissier? On sait que deux systèmes opposés, sans contact, sans affinité possibles, puisqu'ils n'ont ni le même point de départ, ni le même point d'arrivée, se disputent ici les intelligences. Loin de s'affaiblir, la lutte entre les deux doctrines semble, de nos jours, augmenter encore de vivacité et d'énergie. La première, qu'on a appelée la doctrine de Montpellier, part de ce principe qu'il y a dans l'homme deux natures étroitement unies, mais parfaitement distinctes, l'âme et le corps, et conclut qu'il est impossible de bien étudier et de bien connaître l'un, sans tenir compte de l'existence de l'autre. En face de cette doctrine se dresse la seconde, qu'on a peut-être improprement appelée celle de l'Ecole de Paris. Elle ne voit en nous, comme dans les animaux, qu'une pure matière. Elle remplace l'âme par le cerveau, et ses facultés par les fonctions organiques. M. Teissier, par tempérament, par caractère, inclinait à la tolérance. Il n'avait aucun goût pour les extrêmes, et il se défiait des systèmes trop absolus. En politique, c'était un modéré; en science, un éclectique. Le vitalisme de l'École de Montpellier lui paraissait parfois empreint d'une certaine exagération, trop peu soucieux de la matière et de ses forces. Mais il ne pouvait abaisser son noble esprit devant les théories, issues d'un matérialisme grossier, que nous avons vu trop souvent professées dans les chaires de la capitale. Il était bien de cette école de Lyon, qui a toujours fui l'esprit de système, et n'a pas moins brillé par sa sagesse que par son érudition. Avec elle et comme elle, il était profondément spiritualiste. Pouvait-il en être autrement? Non, diront avec moi tous ceux qui l'ont connu. Lorsque, penché sur le corps humain, il en étudiait l'admirable structure, lorsque tous les ressorts de la merveilleuse machine se déroulaient lentement sous ses regards, comment aurait-il pu croire qu'elle fût le produit du hasard ou de je ne sais quelle aveugle et absurde évolution? Autant aurait valu lui dire que les rouages délicats de la montre s'expliquent d'eux-mêmes et n'attestent pas la main de l'ouvrier. Pour lui, comme pour quiconque ne veut pas fermer les yeux à la lumière, la main du divin ouvrier se révélait dans la plus parfaite de ses œuvres, dans l'homme. Le beau discours sur la *Mission sociale de la Médecine*, qu'il prononça, en entrant dans cette enceinte (1), contient à cet égard une profession de foi catégorique. « Pourquoi, « se demande-t-il, la médecine conduirait-elle au « matérialisme? Les merveilles de l'organisation hu- « maine ne donnent-elles pas, plus que tout autre

(1) Lu dans la séance publique de l'Académie du 13 juin 1865

« spectacle, l'idée d'une intelligence créatrice et éter-
« nelle ? » On ne saurait mieux dire. Il ajoute avec Bossuet : « L'homme est de tous les ouvrages de la « nature celui où se montrent le plus le grand dessein « et la profonde sagesse de Dieu. »

« M. Teissier n'était pas seulement un spiritualiste ; c'était un chrétien. Dans le même discours sur la *Mission sociale de la Médecine,* il affirme que cette mission si importante ne date en réalité que de l'avènement du Christianisme. Il prouve qu'avant l'Évangile la charité était inconnue au monde, et qu'en proclamant les dogmes fondamentaux de l'égalité et de la fraternité humaines, la religion nouvelle a transformé les lois, les institutions et les mœurs, et ouvert sa véritable voie à la Médecine, devenue avant tout désormais, suivant sa belle expression, *la fille de la charité.* Personne n'a mieux vu et n'a mieux fait voir la main bienfaisante de l'Église dans la création de nos hôpitaux ; et vous vous souvenez encore avec quelle énergie, lui qui pendant sa longue pratique hospitalière avait vu de si près la sœur de charité à l'œuvre, il appuyait dernièrement ici même les conclusions d'un de nos confrères les plus autorisés, et prononçait sur l'œuvre néfaste, insensée, nécessairement éphémère de la laïcisation de nos hôpitaux, un jugement qui nous parut à tous devoir être sans appel.

« Aux mérites d'un professeur de premier ordre, M. Teissier joignait ceux d'un praticien consommé. Il a exercé sa profession pendant un demi-siècle ; et l'on peut dire que depuis de longues années il ne s'est donné à Lyon et dans toute la région lyonnaise aucune consultation de quelque importance à laquelle il n'ait été appelé. Combien de fois, aux prises avec un mal redoutable, est-il sorti vainqueur d'une lutte dont l'issue paraissait fatale à tous ! Modeste, d'une modestie qui ne s'est jamais démentie, incapable de sacrifier à l'effet, esclave du secret professionnel qu'il considérait comme un dépôt sacré, il estimait qu'au chevet du malade le médecin devait écarter l'esprit de système, surtout l'esprit d'aventure, et ne suivre jamais d'autre voie que celle tracée par le bon sens et la sagesse.

« Il y montrait une autre qualité, dont il m'est bien permis de parler sans craindre qu'on me reproche mon incompétence, c'est la bonté. La bonté, Messieurs, si j'ose le dire, fait partie de l'art médical. A tout le moins, elle lui vient puissamment en aide, elle le sert, elle le complète, elle lui donne ce je ne sais quoi d'achevé qui fait presque de cette belle profession un sacerdoce. Entrez un instant avec moi sous le toit de nos maisons hospitalières; considérez cet ouvrier, naguère encore plein de force et de vie, aujourd'hui pâle, défait, cloué par un mal impitoyable sur son lit de souffrance. Il est seul; il n'a plus pour le consoler le sourire de sa femme, les caresses de ses enfants. La misère l'a chassé de son foyer où il n'a laissé que la détresse et l'angoisse. L'infortuné pleure en pensant à ceux qu'il aime. Il compte les jours, les heures, où il lui sera donné de les revoir et de leur apporter, le cœur joyeux, le pain noblement gagné par le travail. Le voyez-vous, aspirant à la guérison, comme le prisonnier aspire à la délivrance, cherchant dans la nuit sombre qui l'entoure un mot, un geste, un regard, comme une lueur d'espérance. A cette heure douloureuse le médecin est tout pour ce déshérité. Si l'homme de l'art passe rapidement devant lui, s'il n'a pour lui qu'un visage froid et impassible, s'il ne répond que par de brèves et sèches paroles à sa voix suppliante et à ses sanglots, le cœur se serre, on frissonne, car de ce malheureux il a peut-être fait un désespéré.

« Grâce à Dieu, rien de semblable n'est à craindre

dans nos hôpitaux, où nos médecins prouvent tous les jours combien ils ont le sentiment de leurs devoirs. C'est l'honneur de M. Teissier d'avoir ici prêché d'exemple. Sa pratique hospitalière restera un modèle qu'on ne saura trop imiter. Dans le discours, dont je parlais tout à l'heure, plein d'idées généreuses qu'il n'avait eu qu'à puiser dans son propre cœur, où il peint si bien le médecin charitable, sans se douter qu'il se peint lui-même, on lit ces remarquables paroles : « Derrière la « maladie des organes matériels se trouve souvent une « affection de l'âme; et, quand l'âme souffre, les forces « du corps s'allanguissent et l'organisme est profondé- « ment ébranlé. » Aussi ce grand praticien, dont la porte était assiégée par les privilégiés de la fortune, avait-il toujours donné aux pauvres et aux délaissés la première place dans ses préoccupations. Le service médical des prisons, l'œuvre si importante du Dispensaire, plusieurs établissements de charité, ont reçu le tribut de son zèle et de ses lumières. Il savait qu'il suffit souvent d'une bonne parole pour rendre l'espérance au plus découragé, d'un cordial serrement de mains pour le soutenir et le rattacher à la vie. Il y avait tant de compassion dans son regard, tant de bienveillance et de sollicitude dans sa physionomie, dans sa voix une douceur si pénétrante que sa présence seule opérait chez le malade un visible soulagement. C'est ainsi que la bonté devenait pour lui un instrument de la thérapeutique.

« Cette exquise bienveillance, cette affabilité séduisante, j'ai presque dit irrésistible, qui ne lui faisaient compter que des amis parmi ses confrères, le suivaient partout. Qui peut mieux en rendre témoignage que vous, Messieurs, vous qui avez vécu avec lui de cette vie douce et sereine que donne le culte des sciences et des lettres? Il aimait l'Académie comme sa seconde famille. Combien de preuves n'a-t-il pas données de sa véritable affection pour elle! Malade, et c'est à son service qu'il avait subi les premières atteintes du mal qui devait l'emporter si vite, il venait ou plutôt il se traînait à nos dernières séances pour jouir du bonheur de votre intimité. L'Académie à son tour lui avait montré sa profonde estime et sa vive sympathie, en l'élevant, par une faveur insigne, deux fois à la présidence. Les autres Sociétés savantes, les Congrès scientifiques, s'étaient empressés de le placer à leur tête. Enfin, l'Académie de médecine avait, il y a quelques mois, couronné toutes ces distinctions, en le nommant son Associé national.

« Il est mort, entouré de ses enfants et de ses petits enfants, dans les bras de cette Religion chrétienne qu'il avait si bien servie par son inépuisable charité, heureux d'aller rejoindre sa digne compagne, celle qui lui avait longtemps aidé à supporter les épreuves de la vie. On peut dire que la ville entière était à ses funérailles. Tout le monde, sans distinction de rang ou d'opinion, a voulu honorer ce savant modeste, ce praticien aussi habile que désintéressé, cet homme de bien. L'Académie plus que tout autre s'associe au deuil qui enveloppe la cité; car nous n'avions pas de confrère plus éminent, plus aimable, plus digne de notre affection et de nos regrets. »

D'autre part, M. H. Sabran, à l'occasion du concours pour la place de médecin des hôpitaux qui suivit de quelques semaines seulement la mort de Teissier, prononça, en sa qualité de président de l'Administration des Hospices cette touchante allocution :

« Messieurs,

« L'année 1889 sera une année de deuil pour l'Administration hospitalière et pour le corps médical des hôpitaux. Nous avons eu la douleur de perdre dans le court délai de deux mois les docteurs Gignoux, Teissier et Perroud, c'est-à-dire trois hommes qui, à des titres divers, ont rendu d'éclatants services, ont laissé d'inoubliables souvenirs et ont emporté d'unanimes regrets.

« Tous les trois eurent la fortune de commencer leur carrière en obtenant le premier rang dans les concours de l'internat, tous les trois remplirent plus tard avec distinction les fonctions de médecin des hôpitaux. Je ne veux parler ni des titres scientifiques de ceux qui ne sont plus, ni des services qu'ils ont rendus à l'enseignement. Cet hommage leur a été rendu avec une légitime autorité dans d'autres enceintes. Ce que je tiens à rappeler pour chacun d'eux, ce sont les souvenirs qu'ils ont laissés dans notre Administration, c'est là la reconnaissance qui leur est due, parce que tous les trois ont donné à nos malades la plus noble part de leur intelligence, celle du cœur.

. . . .

« La tombe de Gignoux était à peine fermée que celui qui avait été son maître, qui était devenu son ami et était resté son modèle, le professeur Bénédict Teissier, était à son tour enlevé à l'affection et je dirai à la vénération de tous ceux qui l'ont connu.

« Interne de la promotion de 1834, le Dr Teissier fut nommé médecin des hôpitaux au concours de 1844, professeur titulaire à l'École de médecine en 1856, et professeur de la Faculté, lors de sa création, en 1877. Il donna sa démission en 1884.

« Pendant cette carrière d'un demi-siècle, on ne sut lequel admirer le plus, du professeur ou du médecin ; si, d'une part, il donne à l'enseignement de la clinique médicale un éclat inconnu jusqu'à ce jour à Lyon, d'autre part, il sut allier à l'art de guérir la merveilleuse faculté d'inspirer une confiance sans bornes à ses malades. Il y a peu de familles dans notre cité chez lesquelles il n'ait été appelé dans le cours de sa longue carrière, et il n'en est point qui n'ait conservé pour lui un sentiment de respect mêlé de reconnaissance.

« Ce sentiment est celui qui a été gardé par la grande famille hospitalière, administrateurs, médecins, jeunesse de l'internat et de l'externat, sœurs hospitalières, tous nous avons une respectueuse reconnaissance pour celui qui, pendant cinquante ans, a assisté nos malades avec un soin si touchant, une affection si grande, une délicatesse si absolue, qu'elle arrachait un jour cette parole à l'un d'entre eux : « *Il nous soigne tous comme si nous étions des millionnaires.* »

« Mais si le Dr Teissier apportait dans l'exercice de ses fonctions de médecin des hôpitaux ou de professeur de clinique une conscience, une assiduité et une bienveillance sans égale, j'ajouterai que ses rapports avec l'Administration étaient marqués au coin de la plus exquise courtoisie et de la plus affectueuse cordialité.

« Pendant plus de quarante ans, comme médecin ou professeur, Teissier défendit les droits et les prérogatives de ses confrères, et contribua puissamment à faire obtenir à la médecine la place importante à laquelle elle avait droit; or, pendant les nombreuses négociations qu'il suivit ou qu'il dirigea, jamais un nuage ne s'éleva entre lui et l'Administration, jamais une discussion irritante ne fut engagée. A la juste déférence que Teissier a toujours témoignée aux administrateurs de toutes les époques, on a toujours répondu par une respectueuse estime.

« Aussi, Messieurs, en nous joignant à ceux qui veulent élever un buste pour perpétuer le souvenir de l'éminent professeur, nous avons voulu nous associer à un hommage mérité; mais le Conseil a pensé, en outre, qu'un témoignage exceptionnel devrait être donné à celui qui a rendu des services exceptionnels et avait un attachement si profond pour notre institution. Il a décidé que, pour perpétuer le souvenir de Teissier, son nom serait donné à une des nouvelles salles qui seraient ouvertes après la reconstruction actuelle d'une partie de l'Hôtel-Dieu.

« En ce qui me concerne, Messieurs, je ne puis songer à cette grande figure disparue, sans un profond sentiment de tristesse et il me semble qu'on pourrait lui appliquer cette parole de l'Écriture dont il avait en quelque sorte fait sa devise : *Il a passé en faisant le bien.*

« Aussi, en assistant à ses funérailles, en voyant le cortège qu'une ville en deuil faisait à un de ses enfants les plus éminents, en évoquant toute sa vie de travail, de dévouement et d'honneur, en apprenant les détails touchants des derniers jours de sa vie, j'ai pensé que si la mort de Teissier était une perte irréparable, elle devait aussi être pour nous un enseignement.

« C'est un exemple qu'il nous a donné celui qui, pendant un demi-siècle, a honoré la carrière qu'il avait adoptée, en acceptant pour règle immuable de sa vie la loi austère du devoir, qui n'a connu ni compromission, ni faiblesse, qui a toujours placé l'honneur professionnel au-dessus de l'intérêt personnel, et qui a donné le meilleur de sa vie aux déshérités de ce monde.

« C'est un exemple que nous chercherons tous à suivre, Messieurs, et c'est le modèle que, d'un commun accord, nous proposerons au candidat dont le nom va être proclammé tout à l'heure et auquel je souhaite, au nom du Conseil, une cordiale bienvenue. »

Reproduisons enfin, pour terminer, la biographie que la *Revue du Siècle*, du mois d'avril, publia en tête de son fascicule mensuel avec l'intéressant portrait en héliogravure qui figure en tête de cette notice :

LE Dr B. TEISSIER

« Non, il n'est pas possible de croire que nous ne rencontrerons plus cette figure aimable et bienveillante du docteur Teissier, que nous n'entendrons plus cette parole affirmative et sûre, qui savait si bien trouver les mots qui encouragent, en même temps que dicter la prescription salutaire. Quel médecin, mieux que le cher mort, a su remplir cette mission ? C'est que le médecin est fait ou du moins doit être fait de deux choses : de science, mais avec elle d'élévation morale. La science même serait peu de chose sans cette dernière. Or, qui ne sait, à Lyon, combien la science du docteur Teissier était rehaussée par l'élévation morale, par cette infinie délicatesse de conscience, par ce dévouement qui faisait de lui un homme humain et bon, un ami avant d'être un docteur ?

« Cette extrême sensibilité de la conscience était cause qu'avec lui, quel que fût le rang ou la condition, on était sûr de rencontrer de sa part un examen toujours aussi sévère, une prudence toujours aussi grande ; elle lui faisait apporter à l'exercice de toutes ses fonctions le même soin scrupuleux.

« Il laissera ce rare exemple d'un homme qui a pu occuper de hautes charges, réunir la plus vaste clientèle, sans avoir jamais connu un ennemi. Mais aussi qui l'a jamais entendu dire un mot malveillant sur le compte de personne, qui l'a jamais vu contrecarrer personne, à moins qu'il ne s'agît d'empêcher une atteinte à l'équité, et alors il était d'une fermeté inébranlable.

« Est-il besoin d'ajouter qu'il était le désintéressement même ? A tous il demandait peu, puisant surtout sa rémunération dans la satisfaction de sa conscience. Mais que de fois, au malade pauvre, il a donné, non seulement sa visite, mais encore des secours. Il ne savait refuser à personne. Sa vie, d'ailleurs, comme celle d'un philosophe et d'un philosophe chrétien, était la simplicité même. Il savait que la modération pour soi est la mère de la libéralité pour les autres.

« Ces qualités morales, servies par une intelligence supérieure, par un rare esprit de conciliation et par l'autorité que lui donnait, avec la réputation du savant, la considération exceptionnelle dont l'homme était entouré, l'appelaient naturellement, dans les sociétés savantes, à occuper le fauteil de la présidence. Il remplissait cet office, délicat et plus difficile qu'on ne pense, avec un tact infini et à l'approbation de tous.

« Mais nous nous laissons aller à parler de l'homme, en oubliant que nous avons à faire sa biographie.

*
* *

« Il était né à Lyon, le 13 avril 1813. Ses parents occupaient une situation modeste, mais ils avaient le culte de l'instruction et du travail. Les vieux Lyonnais se rappellent M. Teissier, chapelier dans la rue Saint-Dominique. Ses filles, Mlles Teissier, lui succédèrent, jusqu'au jour où l'une mourut et où le frère fit appeler l'autre auprès de lui. Elle demeura la fidèle et dévouée compagne de la famille, jusqu'à sa mort, survenue il a y deux ans à peine.

« Le jeune Teissier, comme tant de ses compatriotes

aujourd'hui dans les professions libérales, fut élève du Lycée de Lyon. D'une intelligence remarquable et d'une non moins remarquable application au travail, il obtint de brillants succès. Il est assez singulier que tous ses goûts le portassent alors, non à la médecine, mais aux mathématiques. Ses parents le destinaient à l'École polytechnique, et dans une tournée d'inspection que fit à Lyon le célèbre A.-M. Ampère, il fut remarqué de celui-ci.

*
* *

« Ce fut un petit héritage, composé de livres de médecine légués par un voisin à son père, qui décida de son avenir. Il lut ces livres et s'enflamma pour la médecine, qu'il se mit à étudier avec la même ardeur qu'il apportait aux mathématiques, ses études préférées. Sorti du Lycée, il fut élève de l'École de médecine et reçu interne des hôpitaux en 1834.

« De là, il fut à Paris, où il devint l'un des plus grands admirateurs de l'école médicale du temps. Disciple de Louis, Andral et de Cruvelhier, il se plaisait souvent à les citer comme modèles.

« Il fut reçu docteur en 1841, et présenta comme sujet de thèse un mémoire sur l'arthrite occipito-atloïdienne, qni est demeuré classique.

« Rentré à Lyon, il se lia d'amitié avec le célèbre chirurgien Amédée Bonnet, nature morale digne de la sienne. Il devint son collaborateur le plus intime et resta son confident de chaque jour, jusqu'à la mort de Bonnet, survenue prématurément en 1858.

« Bonnet a eu sur lui une influence considérable, et ses relations orientèrent d'abord Teissier du côté de la chirurgie. C'est ainsi que, dès 1842, il publiait son beau mémoire sur les *Effets de l'immobilité sur les articula-*

tions saines et se préparait pour le concours du majorat de l'Hôtel-Dieu.

*
* *

« Mais une maladie inattendue, en le forçant d'aller passer quelques mois dans le Midi, l'obligea de changer ses dispositions. Le concours eut lieu pendant son absence, et Barrier fut nommé. D'autre part, l'état de santé de Teissier ne paraissait guère compatible avec la vie chirurgicale Il se décida donc à concourir pour le poste de médecin des hôpitaux, auquel il fut nommé en 1844.

« Sitôt en possession de son siège, il institua une clinique libre, et l'éclat de son enseignement fut si grand, que l'inspecteur général Bérard, de passage à Lyon, considéra qu'un homme de cette valeur ne pouvait moins faire que d'être appelé à l'enseignement officiel. L'École de médecine ayant été réorganisée en 1854, il fut nommé professeur-adjoint de clinique médicale.

« En possession d'une chaire officielle, consacrant à l'enseignement ses forces les plus vives, il ne tarda pas à grouper autour de lui un auditoire compact d'élèves, de médecins et d'amis. Son vœu le plus cher était accompli. Il avait relevé à Lyon l'enseignement de la médecine, qui pouvait dorénavant marcher de pair avec la chirurgie, presque exclusivement en honneur jusqu'à lui. Ce fut pour ses services universitaires que M. Duruy, alors Ministre de l'Instruction publique, lui fit parvenir, avec mention spéciale, la croix de la Légion d'honneur en 1862.

« Sa parole était d'une clarté, d'une lucidité admirables. Ses conférences réunissaient non seulement des élèves, mais encore des médecins de tout âge, charmés de l'entendre, et trouvant toujours à apprendre. Il était d'une sûreté de diagnostic extraordinaire, et sa réputation était telle, que, il y a déjà de bien longues années, nous entendions une sommité de la science à qui l'on disait en plaisantant : « Voyons, docteur, si vous étiez gravement malade, à qui voudriez-vous confier votre peau », répondre sans hésiter : « A Teissier ».

« Ce fut surtout en vue de ses travaux d'enseignement que, vers 1854 environ, il donna sa démission de médecin des prisons, fonctions auxquelles il avait été nommé en 1848, pour lesquelles il recevait les modestes émoluments de 1000 francs, et qui lui prenaient beaucoup de temps, à cause du soin et de l'exactitude extrêmes qu'il y apportait, aussi bien que si c'eût été une fonction largement rétribuée.

« Il continua son enseignement, soit comme professeur titulaire à l'École de médecine, soit comme professeur à la Faculté, à laquelle sa place était naturellement marquée, durant trente années, avec le même éclat et rendant les mêmes services, jusqu'au jour où ayant besoin de repos, il donna sa démission et fut nommé professeur honoraire. Il prit sa retraite au commencement de février 1884. Le 1er mai, la Faculté tout entière lui offrit un banquet d'adieux. Dans le toast porté par le doyen, M. Lortet, celui-ci eut le plaisir d'annoncer que, le même jour, dans sa séance de conseil, la Faculté venait, dans un vote unanime, de proposer M. Teissier fils au choix du ministre pour occuper la chaire de pathologie interne, laissée vacante par le passage de M. le docteur Bondet à la Chaire de M. Teissier père.

*
* *

« Entouré de la considération générale, objet du respect et de l'amitié de tous ceux qui l'approchaient, il a reçu les distinctions et occupé les places d'honneur auxquelles son savoir et son caractère lui donnaient droit. Il fut successivement président de la Société nationale de médecine de Lyon, président de l'Académie des sciences, belles-lettres et arts de Lyon, membre correspondant de l'Académie de médecine (1878), et enfin membre associé de cette Académie (1888). L'Académie de Lyon le reporta une seconde fois à la présidence en 1888, et c'est en son nom qu'il dut prendre la parole, il y quelques mois à peine, aux côtés de M. le président de la République, pour prononcer l'éloge d'André-Marie Ampère, dont on inaugurait la statue à Lyon.

« Il fut vice-président des Congrès internationaux de Paris (1867) et de Florence (1869). C'est aussi lui qui présidait la section des sciences médicales, lorsque l'Association française se réunit à Paris en 1878.

« Il était officier d'Académie depuis 1866, lorsque, en 1881, il fut nommé officier de l'Instruction publique.

« Nous avons vu plus haut qu'il était chevalier de la Légion d'honneur depuis 1862.

*
* *

« Il est mort le 22 février dernier, à l'âge de soixante-seize ans, après une maladie de huit jours seulement, qui lui avait laissé le libre usage de toutes ses facultés intellectuelles et morales. Il est mort avec le calme religieux qui convenait à une carrière si dignement parcourue. Une de ses dernières préoccupations fut pour la santé de ceux qui devaient l'accompagner au champ du repos, demandant que, par ce temps de froidure, on abrégeât la cérémonie en ne prononçant pas de discours.

« On peut résumer d'un seul mot sa vie sociale, comme sa vie privée, comme sa vie professionnelle : partout il fut l'homme du travail et du devoir.

*
* *

« Il a publié un grand nombre de mémoires dont le souvenir n'est pas oublié sans parler de ses principaux travaux de chirurgie, on peu citer surtout :

« 1° Son travail sur l'hydrométrie et la tympanite utérines en dehors de l'état de gestation (1843) ;

« 2° Ses tentatives hardies d'injections iodées dans le péritoine (1856) ;

« 3° Ses remarquables recherches sur l'ataxie des mouvements, condensées en deux mémoires (1862, 1864), où il répand la notion de la maladie de Duchenne, et où figurent déjà des observations de pseudo-tabès ;

« 4° Son travail sur le goître exophtalmique, cité si souvent dans la clinique de Trousseau, dans lequel il fait de la maladie de Basedow une affection des nerfs vaso-moteurs et où, le premier, il signala l'augmentation de la température centrale, et montra les merveilleux effets de l'hydrothérapie dans le traitement de cette maladie ;

« 5° Ses leçons sur les diathèses.

*
* *

« Il a consacré un nombre considérable de mémoires à l'étude de la thérapeutique. C'est ainsi qu'il contribua pour une bonne part à répandre *l'aconit napel*, et qu'il étudia très particulièrement la reine des prés, la digitale, la mille-feuille, les effets du vin scillitique laudanisé, dont la formule classique est reproduite partout, et enfin les effets de l'arsenic dans la cure des névroses viscérales.

« Son activtié tenait du prodige ; il suffisait aux exigences d'une clientèle énorme et en même temps il était d'une assiduité exemplaire aux séances des Académies et des Sociétés savantes. On trouve dans leurs recueils, comme dans les comptes rendus des différents congrès, la trace de la collaboration la plus dévouée.

C'est là qu'on pourra lire ses communications sur les effets de la digitale (Paris, 1878), sur la phtisie *ab hemoptoe* (Montpellier, 1879), sur le traitement du diabète sucré par le bromure, sur la cure des kystes hydatiques du foie, sur les pseudo-cancers de l'estomac, sur la bronchite pseudo-membraneuse, etc.

*
* *

« Celui que le dix-septième siècle aurait appelé « l'exemplaire » de la science servie par le caractère n'est plus, mais il laisse après lui, avec son souvenir, un digne héritier du nom et des œuvres en la personne de son fils, M. le docteur Joseph Teissier, professeur à la Faculté de médecine de Lyon, et auteur de travaux importants, parmi lesquels un cours de pathologie et une *Statistique générale des grandes maladies infectieuses à Lyon,* couronnée par l'Académie des sciences (prix Montyon de statistique). A ce nom, associons celui du gendre de Teissier, M. le docteur Bergeon, qui, nommé au concours professeur suppléant à l'ancienne École, fut à ce titre, lors de la création de la Faculté, chargé pendant six ans des fonctions d'agrégé.

« La Rédaction. »

Avec de semblables titres à la reconnaissance publique, avec des travaux marqués au coin d'une originalité si grande et d'une portée pratique considérable, le nom de B. Teissier est destiné à vivre longtemps encore dans la mémoire de ses concitoyens, de ses collègues et de ses élèves. Mais ses nombreux amis, ses confrères, ses disciples ont pensé que son souvenir devait être perpétué à travers les générations d'une façon plus durable et plus digne de lui : ils ont résolu de confier au ciseau d'un habile statuaite le soin de reproduire sur le marbre les traits de leur illustre compatriote et de placer dans la salle de clinique, théâtre de ses travaux les plus chers et de ses succès, l'image du maître vénéré.

A cet effet, un comité de souscription ne tardait pas à se réunir, sous la présidence du Dr Diday, pour faire appel à la piété publique. En six semaines, les sommes nécessaires à l'édification du monument projeté étaient réalisées et à l'heure actuelle, un artiste éminent, M. Chapu, consacre ses soins à l'exécution du buste du fondateur de la clinique médicale à Lyon.

Voici la circulaire adressée par le Comité de souscription et à laquelle de toutes parts on répondit avec un empressement touchant :

« Un Comité, composé d'amis, de collègues et élèves du regretté professeur B. Teissier, s'est réuni pour chercher les moyens de perpétuer son souvenir ; il propose de consacrer cette mémoire par un buste qui serait placé dans une des salles de clinique médicale de l'Hôtel-Dieu.

« Les membres du Comité font appel à toutes les personnes qui ont connu M. Teissier et les informent qu'une souscription est ouverte pour réaliser ce vœu.

« Les souscriptions seront reçues par tous les membres

du Comité et centralisées chez M. Edouard Aynard, banquier, rue de la République, 19.

« Dans le cas où les sommes souscrites dépasseraient les frais du monument et de son installation, le Comité croirait répondre aux désirs des souscripteurs en employant le reliquat à venir en aide à des élèves en médecine de Lyon, dont les ressources seraient insuffisantes pour compléter leurs études.

« Agréez, M , l'assurance de notre considération la plus distinguée.

« Pour le Comité :

« Dr P. Diday,

« Président du Comité. »

« Le Comité se compose de :

MM.

Dr Augagneur, chirurgien en chef désigné de l'Antiquaille, professeur agrégé à la Faculté de médecine,

E. Aynard, banquier.

Dr Bondet, médecin honoraire des Hôpitaux, professeur à la Faculté de médecine.

Caillemer, doyen de la Faculté de droit, administrateur des Hospices.

R. de Cazenove, membre de l'Académie.

Dr E. Coutagne, secrétaire du Dr Teissier.

Dr P. Diday, ex-chirurgien en chef de l'Antiquaille, président du Comité.

Dr Doyon, médecin inspecteur des eaux d'Uriage.

L'Abbé Guinand, doyen honoraire de la Faculté de théologie.

Dr Girin, médecin honoraire des Hôpitaux, président de l'Association des médecins du Rhône.

Dr Lacour, médecin honoraire de l'hospice de l'Antiquaille.

E. Loison, doyen des internes des Hôpitaux de Lyon.

Dr Lortet, doyen de la Faculté de médecine.

Dr Marduel, secrétaire général de la Société de médecine.

Dr Ollier, professeur à la Faculté de médecine.

A. Pic, président de l'Association des étudiants de Lyon.

Dr A. Poncet, chirurgien en chef de l'Hôtel-Dieu de Lyon, professeur à la Faculté de médecine.

H. Sabran, président du Conseil d'administration des Hospices civils de Lyon.

E. Faivre, doyen des médecins des Hôpitaux.

Enfin le Conseil d'administration des Hôpitaux tenant à rendre un hommage exceptionnel à celui qui, pendant cinquante ans fut le serviteur dévoué et infatigable des malheureux malades, décide dans sa séance du 13 mars de perpétuer la mémoire de B. Teissier en donnant son nom à l'une des salles de clinique à ouvrir dans le nouvel Hôtel-Dieu.

Voici le texte de cette délibération :

HOSPICES CIVILS DE LYON

CONSEIL GÉNÉRAL D'ADMINISTRATION

Extrait du registre des délibérations.

(SÉANCE DU 13 MARS 1889)

Sur la proposition du Président du Conseil :

Considérant que M. le docteur Benoît Teissier a toujours fait preuve, vis-à-vis des malades des hôpitaux, du plus complet dévouement et vis-à-vis du Conseil de la plus courtoise déférence ;

Considérant qu'il est resté attaché aux services hospitaliers pendant près de cinquante années successivement : interne des Hôpitaux, le 4 novembre 1834, nommé le premier au concours; médecin de l'Hôtel-Dieu, le 27 mai 1844; médecin honoraire en avril 1852 et ensuite professeur de clinique médicale,

Considérant qu'il est juste de perpétuer par une décision exceptionnelle la mémoire de cet homme de bien;

Le Conseil délibère :

L'une des salles de clinique médicale, qui sera ouverte dans les nouveaux bâtiments de l'Hôtel-Dieu, portera le nom de salle Benoît Teissier.

Délibéré à Lyon, ledit jour, treize mars mil huit cent quatre-vingt-neuf.

TITRES

ET PRINCIPALES PUBLICATIONS

DE

B.-M. TEISSIER

I. TITRES

Interne des hôpitaux de Lyon........................... 1834
Docteur en médecine, Paris.............................. 1841
Médecin des hôpitaux de Lyon........................... 1844
Médecin des prisons.................................... 1848
Membre de la Société nationale de médecine de Lyon...... 1848
Professeur-adjoint de clinique médicale................. 1854
Professeur titulaire.................................... 1856
Chevalier de la Légion d'honneur 1862
Membre de l'Académie des sciences, belles-lettres et arts de Lyon.................................... 1863
Officier d'Académie..................................... 1866
Vice-Président du premier congrès international de médecine, Paris............................... 1867
Président de la Société nationale de médecine de Lyon...... 1868
Administrateur et Président du Comité médical du Dispensaire 1868
Vice-Président du deuxième congrès international, Florence 1869
Président de l'Académie des sciences, belles-lettres et arts de Lyon..................................... 1875
Professeur de clinique médicale à la Faculté de médecine de Lyon..................................... 1877
Membre correspondant de l'Académie de médecine de Paris 1878
Président de la section de médecine de l'Association pour l'avancement des sciences, Paris.................. 1878
Membre honoraire de la Société des sciences médicales de Lyon..................................... 1879
Officier de l'Instruction publique....................... 1881
Membre de la Société d'anthropologie................... 1882

Professeur honoraire de la Faculté........................ 1884
Deuxième fois Président de l'Académie des sciences, belles-lettres et arts de Lyon.............................. 1888
Membre associé national de l'Académie de médecine de Paris... 1888

II. PUBLICATIONS SCIENTIFIQUES

De l'arthrite occipito-atloïdienne, thèse de Paris........... 1841
Mémoire sur les effets de l'immobilité dans les articulations saines (*Gaz. méd.*), Paris.............................. 1842
Sur un cas particulier d'anencéphale (en collaboration avec le Dr P. Brun)...................................... 1845
Mémoire sur l'usage du vin scillitique laudanisé (*Bull. gén. th.*) 1847
Emploi thérapeutique de l'aconit Napel................... 1849
Mémoire sur l'emploi thérapeutique de l'ammoniaque liquide (*Bull. méd. de thérap.*), Paris......................... 1850
Sur un cas de morve aiguë (*Gaz. méd.*), Paris. 1852
De la vaccination et de son influence prétendue sur la production de la fièvre typhoïde (*Gaz. hebd.*), décembre. 1853
De l'hydrométrie et de la tympanite utérines en dehors de l'état de gestation (*Gaz. méd.*), Paris.................. 1854
Mémoire sur la meilleure méthode d'observation en médecine, Lyon.. 1854
Des diathèses morbides (*Gaz. méd.*), Lyon................ 1856
Mémoire sur l'emploi de la millefeuille dans le traitement des hémorrhoïdes fluentes, Lyon...................... 1857
Mémoire sur les constitutions médicales.................. 1857
Nouvelles et heureuses applications des injections iodées à des cas d'ascites symptomatiques (*Gaz. méd.*), Lyon...... 1858
Mémoire sur l'emploi du nitrate d'argent comme moyen abortif du coryza aigu (*Bull. thérap.*)................... 1850
Mémoire sur l'emploi de l'arsenic dans les névroses viscérales...
Mémoire sur l'usage de la reine des prés (spirée ulmaire)...
Du ramollissement cérébral à forme chronique (*Gaz. méd.*), Lyon.. 1859
Traitement des hydropisies asthéniques par les préparations de noix vomique (*Gaz. méd.*), Lyon....................
Des préparations de quiquina (*Journ. de méd.*), Lyon....... 1860
De la gingivite expulsive (*Gaz. méd.*), Lyon.............. 1861
Mémoire sur l'ataxie musculaire......................... 1862
Mémoire sur l'ataxie musculaire (congrès médical de Lyon). 1864

De l'emploi de l'essence de térébenthine dans les céphalées nerveuses.. 1864
De la spécificité.. 1866
Mémoire sur le goître exophthalmique.................... 1865
De l'usage de la viande crue en médecine (*Soc. méd.*), Lyon. 1868
Des hémorrhagies bronchiques, envisagées dans leurs rapports avec la phtisie pulmonaire (*Soc. méd.*), Lyon....... 1872
Sur l'absorption cutanée à propos des bains médicamenteux (*Soc. méd.*), Lyon.................................. 1872
Rapport sur les travaux de M. Guéneau de Mussy, sur l'étiologie de la fièvre typhoïde (C. R. *Soc. méd.*)............ 1877
Communication sur le salicylate de soude dans le rhumatisme articulaire (*Soc. méd.*)......................... 1878
Effets thérapeutiques de la digitale (*Gaz. hebdom.*), Paris... 1878
Phtisie ab hemoptoe (congrès de Montpellier)........... .. 1879
Traitement des kystes hydatiques du foie (C. R. *Soc. méd.*), Lyon.. 1880
Mémoire sur le diabète alternant.......................... 1880
De l'obésité et de la consomption dans leurs rapports avec le nervosisme.. 1881
Traitement du diabète par le bromure (C. R. *Soc. méd.*), Lyon 1882
Erysipèle périodique des membres inférieurs dans le cours de la myélite chronique (*Soc. de méd.*), Lyon........... 1884
Mémoire sur les températures à type inverse (*Soc. méd.*), Lyon.. 1884
Sur les Pseudo-cancers de l'estomac (*Compte rendu Soc. méd.*) Lyon.. 1886
Sur la bronchite pseudo-membraneuse (*Compte rendu Soc. méd.*).. 1886

III. DISCOURS

Des principes généraux de la clinique médicale. — Discours d'ouverture du cours de clinique........................ 1855
Discours prononcé sur la tombe du professeur Bonnet..... 1858
Discours prononcé à l'inauguration de la statue du professeur Bonnet 1859
De l'analyse médicale, leçon d'ouverture................. 1859
De la mission sociale de la médecine, discours de réception à l'Académie des sciences, belles-lettres et arts de Lyon. 1865
Discours prononcé aux funérailles du Dr Rater, ancien président de la Société de médecine......................... 1868

De la méthode à suivre dans les études médicales, discours prononcé à la séance de rentrée de l'École de médecine... 1868

Des travaux et du mouvement de la Société de médecine pendant l'année 1868, séance du 15 février.............. 1869

La Société de médecine de Lyon en 1869, séance publique, (*Soc. méd.*), Lyon................................. 1869

Le dispensaire général de Lyon, séance publique du 23 décembre.. 1869

Discours prononcé aux funérailles du Président Paul Sauzet. 1876

Discours prononcé aux funérailles du Dr Pétrequin........ 1876

Compte rendu des travaux de l'Académie de Lyon pendant l'année 1876...................................... 1876

Allocution prononcée à l'ouverture de la séance publique de l'Académie, le 25 juillet............................ 1876

Discours prononcé à l'occasion de la mort de M. Dumortier (C. R. *Académie*)................................ 1876

Discours prononcé sur la tombe de M. Guillard (C. R. *Acad.*). 1876

Discours prononcé à l'inauguration de la statue d'A.-M. Ampère, 8 octobre.................................. 1888

Compte rendu des travaux de l'Académie des sciences, belles-lettres et arts de Lyon pendant l'année 1888, séance publique du 18 décembre................................. 1888

TABLE DES MATIÈRES

www.ingramcontent.com/pod-product-compliance
Ingram Content Group UK Ltd.
Pitfield, Milton Keynes, MK11 3LW, UK
UKHW022123260726
13993UKWH00003B/1203

9 782329 560229